ヤクザのカリスマ

鈴木智彦

愚連隊から山口組分裂まで――闇の戦後ヤクザ70年史

ナックルズ選書
ミリオン出版

はじめに

日本人はヤクザが好きである。

ばかりか、欧米やアジアでＹＡＫＵＺＡがもてはやされる現実をみれば、「人間は」と言い換えて差し支えない。

昭和という前時代は、漁師も土方も商店主も、政治家や企業経営者や教師や警察官さえ、高倉健の扮するヤクザの義理人情に憧れた。我が身を捨てて悪を斬る破滅的人生に感涙し、気分はすっかりヤクザになって、映画館のドアから飛び出してきた。

逆説的道徳映画である任侠路線が廃れ、暴力社会の裏切りと謀殺が主要テーマになっても、ヤクザたちの人気は衰えなかった。学生運動に身を投じた若い男女を興奮させ、馬鹿な上司に頭を押さえつけられるサラリーマンを驚喜させた。

社会にグローバル・スタンダードなる価値観が生まれた平成……コンプライアンスという概念を表看板に掲げるようになってさえ、反社会勢力であるはずのヤクザは、いまだこの日本に存在し続けている。

テレビや映画は、警察の顔色を窺いつつ、ヤクザは極悪人というエクスキューズを使いながら、ヤクザ物語を量産している。日本最大の暴力団である山口組が分裂して以降、ヤクザの言い分など放送できないと嘯いていたテレビ局は、こぞって数字の取れる山口組を電波に乗せるようになった。「好き」じゃないなら、どう説明すればいいのか。そう解釈するのが一番腹に落ちるではないか……。

もちろんフィクションとノンフィクションの間には深い溝がある。日本人が好きなのは、作り物としてのヤクザ、つまり虚構の概念であって、社会の隙間に寄生する現実のヤクザではない。なにしろ本物のヤクザは平気で嘘をつく。堅気を泣かせ、弱いものをいじめ、一般人も殺す。

ヤクザのインタビューを仕事にしながら、雑誌記事に登場する現役幹部に対し、私は内心眉をひそめていた。たいそうな理想論をぶつのはやめたほうがいいと感じていた。当人はかっこいいヤクザを生きているつもりかもしれない。だが、ヤクザをやっている以上、権力闘争やシノギの場面では、どうしたってその言葉がブーメランのように舞い戻り、我が身に刺さる。

「我々は堅気の生き血を啜っとんねん」

現在、ある指定暴力団のトップになった組長が説明してくれたことがある。

「だからヤクザがお天道様の下を歩いたらいかん」

深く納得しながら、同じ顔で取材をお願いするのだから、当方もかなりの二枚舌だが……。ただ、私は知りたかった。なにがヤクザの本当で、なにがヤクザの嘘なのか、この目で確かめたかったのだ。私もヤクザが好きなのだろう。惚れた相手のすべてを知りたいのは、たぶん、愛として正しい。

本書は平成十三年から実話ナックルズに掲載されたヤクザたちのストーリーを加筆・再録したものである。とにかく私は若く、無知だった。いま読むと方便としか思えぬ考察・見解は、可能な限り削除したが、熱狂だけは訂正できないまま残っている。

目次

愚連隊の帝王といわれた加納貢

01 万年東一

愚連隊の元祖と呼ばれた男

裏社会のスーパースター

「はっきりいえば、これほど迷惑な存在はない」

ヤクザたちの本音を集約すれば、おそらくこうなるはずだ。なにしろ道理は通っているし、おまけに金で動かない。タチが悪かった。その上、ヤクザ最大の武器である暴力というカードは、最初からヤツらには通用しない。

力の論理を信奉するヤクザは相手の力をかぎとる嗅覚が発達している。ヤクザたちが潔く暴力を捨てたのは、とても太刀打ちできない相手だからである。弱いとみれば徹底的に噛みつくのが弱肉強食の論理。勝てない相手と喧嘩をするヤツなどただの馬鹿だ。

ねえ、会長。ここまでくるのにどれだけの時間と手間がかかってると思うんですか。俺が見つけたカモを、さて料理しようという段になって、ひょいと出てこられたんじゃゃたまんねぇですよ。

いくら理想を言ったところで、しょせん世の中は金でしょ。ねえ、会長。頼みますよ……。

しかしいくら懇願しても、会長と呼ばれた男は鷹揚な微笑みを浮かべている。力の社会を生き抜いてきた男にしては、相手を威圧するようなところがないから、それでも話しやすかった。思わず心の声が口をついて出た。

「会長！　じゃあ儲けは山分けでどうですか？　なんとかして下さいよ」

次の瞬間、相手がやっと口を開いた。

「俺たちはな……」

声のトーンはあくまでも優しかった。というよりこちらに憐憫の情を投げかけているようでもある。なぜテメエにはそんなことが分からねぇんだ。不思議な温かさのなかで、そう叱責されているような思いだった。それなのに声をかけられると、暴力センサーが一気に反応し、全身の毛が逆立つのだ。すでに呑まれていた。背筋が凍った。非科学的だが、「気」というより説明のしようがない力である。

「愚連隊はな、商売じゃねぇんだ」

万年東一がこちらの目をじっと見つめる。もう、蛇に睨まれた蛙だった。

「会長にそう言われてさ。なんだか自分が恥ずかしくなっちゃってさ。もうなんにも言えねぇんだよ。俺もガキだったたし、会長も若かったけど、先生に叱られたような気がしたな。そりゃあ学校の先生の言うことなんか聞いたことはねぇ。親の言うことだって聞いたことねぇんだからね。あいつらは口先だけでモノを言うからな。でもよ、あの人は違うんだよ。なんというのか、こう、神様っていうのか、仏様っていうのか、とにかくとても勝てねぇ。うまく言えなくて悪いな。学がねぇからさ、許せよ」（広域組織の大幹部だった組長のインタビュー。故人）

この万年東一こそ、「愚連隊の元祖」と呼ばれた裏社会のスーパースターである。

愚連隊は仕事じゃねぇ

万年は戦後の新興勢力である愚連隊の元祖だった。愚連隊は万年から始まったと言い換えてもいい。戦後を過激に疾駆した安藤組の安藤昇、そしてジュクの帝王・加納貢もまた、万年の系譜に繋がる。

誤解のないよう付け加えておくが、一般的に言う愚連隊そのものは、ただの与太者である。ノーテンキに暴れ回る暴走族といったところがピッタリだ。まっとうな仕事にも就けず、さりとてヤクザにもなりきれない。半グレと考えれば分かりやすいだろう。

万年一派とて暴力の常習者であり、彼ら自身にはなんの生産性もなかった。人間関係にぶら下がり、顔で生きていたことはヤクザと同じだ。配下にはヤクザ以上に極悪な強請《ゆすり》、たかりを生業にしている人間もいた。万年がそれを知っていたとは思いたくない。しかし、善良なカタギを泣かせていた万年一派だっている。

しかし、それでも相対的に見れば、愚連隊万年一派が特別な愚連隊だったことは事実だった。いや、はっきりいえば、万年、安藤、加納だけが別物だった。だから愚連隊は大別すると、万年たち三人とそれ以外に分けることができる。ただ彼らを括る枠組みがないため、愚連隊と呼ばれたに過ぎない。

集団的な威嚇力を使うことがなかったという意味で、万年一派の本質はアマチュアイズムにあった。代紋というエンブレムが持つ暴力イメージを最大限に活用するヤクザから見れば、仲良しクラブのような万年一派はまったくただのお遊び集団である。

ヤクザを暴力のプロだとすれば、万年たちはただのアマチュア。だが、そのアマチュアがプロより強い。

気の合う仲間たちが集まったクラブ活動のようなものだから、あくまで自由参加であり、脱退もまた自由である。厳しい規律も掟もなかった。兄弟分のラインが原則だが、それは先輩・後輩の関係と同質のものだ。

「ちょっと早く生まれただけで、みんな同じ人間じゃねえか。子分の命を好き勝手に使うなんて法がどこにある。会長はいつもそう言っていた」

ボクシング界を支えた功労者でもあった（写真＝共同通信／昭和21年撮影）

そう語るのは、万年と親しかったSである。万年はよほど親しくない限り、年下の人間たちに対しても敬語を使うのが常だったらしい。初対面の人間は、必ずと言っていいほどその丁寧さに驚いたという。

そして万年本人は、決して暴力を金に換えようとしなかった。極論すれば万年の暴力はそれ自体が目的で、二次的な欲望などないともいえた。後年のトラブル事案には依頼者がいたが、若い頃の姿を見ると、ただ暴れ回っていれば満足だったようにも見える。

それを証明するかのように、万年は生涯驚くほど金がなかった。夫人は質屋通いが常だったと証言していた。通常、裏社会の人間たちの言う貧乏は庶民感覚とはかけ離れており、「俺は金儲けが下手だ」と言う人間であっても、同年代の平均的サラリーマンよりは金持ちだったりする。だからこの手の逸話には、よくよく気を付けなければいけない。しかし、万年を測る物差しは我々のそれと同じである。たとえば、これほどの顔役が電車に乗って新宿にやってくることも珍しくなかったのだ。

「電車が一番便利だ。なんたって速い」

友人にそう自慢したこともあったという。

もちろん、その顔を頼って様々なトラブルの仲介が万年に持ち込まれ、万年の元に転がり込んでくる金は少なくなかっただろう。しかし、入ってきた金を、万年はそのまま吐き出してしまうのだ。それはたとえば若い衆にであったり、友人にであったり、時には敵にだったりする。泥棒に追い銭ということすらあったらしい。

信じていた人間から、家財道具や女房の着物を盗まれたときがまさにそうだった。万年は、「あいつもそれほど困っていたのか」と溜息をもらした。周囲があきれかえったのは言うまでもない。

「もし、この窃盗犯が後日会長の元を訪れ、『すいませんでした。どうしても金がなかったんです』とでも言えば、会長はためらわず、もっと金を渡したはずだよ」（元万年一派。故人）

万年には普通の感覚では理解できないところがある。

とにかく自分から報酬を求めたことは一度もなかった。通常、顔で生きている人間と依頼者の間には暗黙の了解があって、成功すれば黙っていてもそれなりの金額を運ぶのが掟である。それを知らず単なるお辞儀で済ませれば、後々手痛いしっぺ返しを食う。しかし、万年にはそれが皆無なのである。目を光らす舎弟連中さえ巻いてしまえば、万年の力をタダで使うことだってできた。

こういった生き方が「ヤクザは仕事だ。愚連隊は仕事じゃねぇ」という万年の口癖に繋がる。口だけならなんとでも言える。しかし、実行するのは至難の業だ。

喧嘩ジャンキー

「会長は穏やかな人だった。人を怒ったりすることはまったくなかった」

そう証言するのは安藤昇である。安藤が不良の世界で名を売りだした頃、すでに万年は大スターだった。冷静に考えれば年齢的にはまだ若いが、なにやら大人の趣さえあったという。

安藤は万年の兄弟分と喧嘩となり、相手を派手にシメてしまったことがある。万年が安藤にコンタクトをとった。

「安藤君、すまないね。一度だけ僕の顔を立ててはもらえないだろうか」

とても勝てねぇ。器量が違う。安藤はそう思ったと懐かしむ。

しかしその姿からは想像もできないくらい、若き日の万年には無頼の匂いが漂っていた。三度の飯より喧嘩が好きで、とくればなにやら浪花節チックだが、まさに万年がそうだった。血気盛んな頃のエピソードは数多い。

ぶらり沿線不良行脚の旅は、裏社会の伝説になっている。適当な駅で降り、不良を見つけては喧嘩をふっかけるのだ。相手をぶっ飛ばすと次の駅に移動し、また不良を捜して……とそれを繰り返す。一種病的で、まるで喧嘩ジャンキーのようだった。

ひどいときには一日で三十人ほどの相手と対峙したという。数字はべらぼうに多いというたとえだろうが、十人×三回、あるいは三人×十回で三十だから、万年なら可能だったかもしれない。

地元の中目黒から新宿に進出したときも、

「かまわねぇ。目につくもんはみんなやっちまえ」

と叫んだというから無茶苦茶だ。このときの万年の立場は、ヤクザ組織の用心棒的存在である。老獪な親分が血気盛んな愚連隊をそそのかした構図といってよかった。しかし、万年はどうやらそれを承知で舞台に上がったらしい。互いに利用しあう共生関係で、実際はどっちもどっちだ。

新宿に進出した万年の前に、強敵が立ちはだかった。それが爆弾マッチと呼ばれた山崎松男のグループである。

この一統は万年一派とはあらゆる意味で対照的だった。一説には江戸時代から続く四谷界隈「サメの不良」と呼ばれた流れに位置しているともいわれる。これは簡単にいえば労働階級から出た不良たちのことで、一種階級社会の産物といえた。彼らは上昇志向が強く、ハングリー精神が旺盛だった。「爆弾マッチ」の異名は、喧嘩の際にダイナマイトをぶん投げ、這い出てきた人間をめった斬りにした事件に由来していた。こういった暴力イメージは威嚇力となって、大きな力を発揮した。

対する万年一派は、典型的な成り下がり集団である。成り下がりというのはなにも造語ではなく、古くからヤクザ社会にあった言葉だ。万年自身、由緒ある士族の出で、教師の一家に生まれている。いわば厳格な家庭に育てられた良家の子息だった。環境や貧困がアウトロー社会への引き金だとすれば、万年にはなんの理由も見当たらない。万年が異常なほど金に執着しないのも、幼少期の環境や教育が影響していたと思われる。

同様に万年一派には、山の手の坊ちゃんたちが多かった。後継者たる安藤昇や加納貢も、お堅い裕福な家庭に育っている。

万年は新宿に来たばかりということもあって、下馬評は爆弾マッチの優勢だったらしい。だが、万年の立ち上がりは素早かった。

万年の一派がマッチを見つけたのは、昭和九年八月のことである。新宿六間道路で万年一派の大光、小光の二人がマッチを襲撃。日本刀で左手首を斬り落とすのだ。当時の喧嘩は根性の見せ合いで、命を取ることはあまりない。これも万年の指示だった。その後マッチの報復劇もあったが、結局不発に終わった。これを契機に万年一派の名前は、裏社会で不動のものとなる。名のある剣客を倒して名を上げたのと同じである。

大光、小光というのは、万年舎弟の筆頭格で、清水次郎長一家の大政、小政を気取って付けられた異名だった。ちなみに小光は安藤と加納の兄貴分だ。

懲役はことのほか安かった。実行犯は一年六カ月、万年は執行猶予である。当時は戦争に突入しようという時代の空気があった。暴力事件には寛容だった。

ヤクザは嫌いだ

その後の万年は時代もあって右翼活動に傾倒していった。一歩引いた形で裏社会の顔役となったのだ。しかし、彼の孫分である安藤や加納を側面から支援した。

たとえば、渋谷で起こった安藤組と地元博徒一家との抗争の際もそうだった。たまたま安藤が博奕場に行って不在であり、捕虜返還の交渉に出向いたのは加納である。しかし、加納はだまし討ちにあって拉致され、無抵抗を貫いたため瀕死の重傷を負った。政治的手段でそれを救い出したのは万年だった。

「人に頼られるのはいいが、人を頼っては駄目だ。自分のケツは自分で拭く。それが俺たちの鉄則だ。また、見返りを期待するなんて下司だよ。それは商売人のやることだ」

だから万年は、ヤクザのことは嫌いだと公言していた。

「会長がある組織の跡目候補になったことがあった。客分だったが、是非にと三顧の礼で請われた。会長は人を傷つけたりしないからね。丁寧に断ったそうだ。その親分のことも、心情的には好きだったらしい。その後もそんな話がいくつもあった。

でも、会長はヤクザが嫌いなんだ。よくそんなことを言っていた。個人的にどうのこうのじゃ

ない。ヤクザは金儲けのためだから」（加納貢）

そのためか、万年は最後まで組織らしい組織を作らず、アマチュアイズムを徹底した。後年右翼結社を結成したが、加納たちの話によれば、それもどうやら嫌々だったらしい。組織は一人歩きする。そうなればいつしかそれが仕事になってしまうことだってある。

ではなぜ会長なのか？　右翼団体を作る前から、万年はそう呼ばれている。

「あれはボクシングジムの会長ってことだよ」（加納貢）

当時のボクシングジムは不良の巣窟だったとはいえ、その会長がヤクザの会長と対等以上に渡り合うのだから、戦後の裏社会は面白い。

現在の裏社会には、強い個人の生きていくスペースなど皆無である。弱い人間でも強い組織に入れば喧嘩に勝てる。もし万年が生きていたら、

「だからヤクザは嫌いだ」

とこぼすかもしれない。

02 安藤昇

——王者の美学

はぐれ者たちの救世主

安藤昇は大正十五年五月、東京・新宿に生まれた。ガキの頃から不良で、喧嘩は負けたことがなかったという。特に、力で頭を押さえつけられるようなやり方には、徹底的に反抗する傾向が強かった。力の社会である不良少年の間では必然的に摩擦が生じ、喧嘩を繰り返すことになる。

一帯の不良少年の頭目になるのに、そう時間はかからなかった。中学生になるといい顔の兄ィとして大学の学帽をかぶり、東京中の盛り場を闊歩した。地元ではそれなりの顔とはいえ、大人の社交場ではただのガキだ。喧嘩に継ぐ喧嘩の日々はそれからも続いていった。喧嘩相手は、当然ながらいつも格上の人間である。

その後満州に渡り、感化院（今の少年院）に入所するなどしたが、昭和十八年、乙第二十一期飛行予科練習生として三重海軍航空隊に入隊。一年半あまりの訓練期間を経て、横須賀の伏龍特攻隊に配属された。もし戦争が後三カ月長引けば、安藤が爆薬を抱え海の藻屑となっていたことはいうまでもない。復員後、二カ月あまりを両親の疎開する藤沢で過ごすが、すぐに上京。東京は焼け野原で、生家は瓦礫と化していた。「沸々とした怒りがこみ上げた」という安藤の心境は、今の時代に生きる我々には、決して実感し得ないものだろう。

その後、不良仲間とともにヤクザ組織を向こうにまわして暴れ回る。博奕場や露店という利権を持っているヤクザたちにとって、失うもののない安藤たちは脅威の存在だった。戸惑うヤクザを後目に、安藤は牙をむき出しにして、小賢しげな組織の論理と対峙した。先手必勝とばかり、数十人の武装組員が待機する事務所に、兄弟分の加納貢と機関銃を持って殴り込みにいったというから無茶苦茶だ。

戦後すぐの頃のシノギは、おもに占領軍物資の横流しだった。物のない時代、知り合った日系二世を通じ安藤が仕入れたご禁制の品は、数倍の値段で飛ぶように売れた。だがあるとき、中華系の不良とのトラブルで安藤に刺客が襲いかかる。不意打ちをかわしきれず、相手のナイフが安藤の顔面をざっくりと引き裂いた。安藤の左頬には長く深い疵跡が残ったが、この疵が安藤組誕生のきっかけだったのかもしれない。

そのうちに安藤の周囲には多くの不良少年が集まるようになった。その流れが自然発生的に「安藤組」を誕生させるのである。ある大幹部は、「安藤は俺たちの空腹と精神的な飢餓感を満たしてくれた」と語る。安藤は社会からはぐれた若者たちの救世主だったのだろう。

現代暴力団の先駆け

戦後の裏社会を席巻した「安藤組」は、古典的なヤクザ組織とはまったく違う性質を持っていた。その先進性は安藤組をあっという間に膨張させ、組長の安藤昇は瞬く間に時代の寵児となっていく。組織運営の手法はまさに時代の一歩先をいったもので、「組長という呼称は禁止で配下は安藤を社長と呼び、伝統的な戒律を無視。指詰め厳禁で、幹部はグレーに統一されたベネシャンのスーツに黒のネクタイ。胸元に輝くアルファベットのAの代紋」といった目に見える表面的なことはもちろん、シノギも、組織体系も、組員の意識も、既存の博奕打ちやテキヤとまるで方向性が異なっていた。その類希な異質性のため、安藤組は自他ともに認める「愚連隊」と言われた。

だが、それは安藤組を包括する概念がなかったからで、安藤組が戦後の裏社会において、多くのヤクザ組織と対峙しながら過激な抗争を繰り広げた暴力集団であることに変わりはない。抗争に継ぐ抗争を重ね、暴力を基調にしながら、安藤組はあらゆる社会への浸食を開始し、全国にその名は鳴り響いていった。ヤクザをどう定義するかでカテゴリーの変化はあるし、時代の一歩先を進んでいた異質さが安藤組にはある。ただ、一般的な現代の通念から言えば、安藤組は歴としたヤクザ組織と考えていい。いってみれば現代暴力団の先駆けであり、現在のヤクザ組織の多くは安藤の軌跡をそのまま踏襲・模倣している。

とはいえ、安藤組は現代ヤクザ組織と決定的に違う点を持っていた。組織というものはそれに関わる人間の利益を第一に存在するもので、巨大化すると一人歩きを始めたり、暴走したりする。しかし、安藤組はあくまで安藤の求心力が組織の中心に存在し、組織全体の利害は無関係だった。安藤の意志だけが組織の進む道である。つまり安藤組とは安藤昇個人と同義であり、安藤なしでは決してあり得ない存在だ。その点、組織としては非常に幼稚で脆弱である。たとえるなら、ガキ大将を先頭に悪ガキが集まったようなものに近く、大将が討たれれば総崩れになってしまう中世戦国時代の侍集団同様、システムの根幹にあるのは前時代的なアマチュアイズムに他ならない。

とはいえ暴力社会の中で、縦横に張り巡らされた意思伝達の回路や、組員の意志が反映される合議制は、組織を無意味に複雑にしてしまう。喧嘩はシンプルな組織ほど強いのだ。事実、安藤組は喧嘩の場面になるとヤクザ組織を凌駕する暴力性を発揮した。

〈すべては安藤のもとに。安藤の名を汚すことは誰であろうと許さない〉

組員の頭にはそれしかないのだ。

喧嘩相手が様々な利害を考え、その後の展開を有利にしようと事後処理を相談していれば、あっという間に安藤組が事務所を包囲する。集団戦を想定し、手の込んだ駆け引きを模索していれば、安藤が拳銃を手に単身で乗り込んでくる。ヤクザ組織が乱立し、無秩序な戦後の時代を勝ち残ってこられたのは、幼稚さと対の位置にある単純明快の論理がなによりの強さとなったからだろう。

だから終焉も唐突だった。

昭和三十三年六月十一日、安藤組一の射撃の名手と言われた襲撃犯が銀座八丁目のビル内にある東洋郵船社長室に乱入、横井英樹社長に一発の銃弾を発射した。安藤組崩壊の序章である。襲撃までの経緯を簡単にいえば、安藤に持ちこまれた債権回収の際のトラブルで、交渉に赴いた安藤に対し、取り立てを受けた横井が「金を返さない方法はいくらでもある」、「うちでは君たちのような人間にもコーヒーを出すのだから」などと、挑発的な舌戦を挑んだことが原因だ。

だが、「ボロ儲けの天才」といわれた横井は法を逆手に利用し、人道的に問題が多いとはいえ、法的にはなんの問題もない表社会の悪人である。裏社会同士のトラブルならともかく、表の企業人に対する暴力手段での制裁は、安藤組に壊滅的な打撃を与えることは容易に推測できた。

だが、安藤に迷いはなかった。安藤の指示で赤坂支部が中心となって、襲撃班が結成される。襲撃はあくまで威嚇のためだったが、混乱の中で心臓のある左側面を誤射。弾丸は横井の体内を駆け抜け、右腹部に達してしまう。奇跡的に一命を取り留めたとはいえ、安藤の行為に世論は沸騰した。警視庁には大々的な捜索班が設置された。

もとより安藤に逃げるつもりなどなかった。だが、新聞記事で「善良な市民を暴力団が襲撃した」という論調の記事を読み、再び全身の血が逆流した。

〈だったらとことん逃げてやる〉

持ち前の反骨精神が鎌首をもたげ、その後安藤はパンナム航空の制服を着込み、真っ赤なオープンカーで厳重な包囲網を脱出。三十四日に及ぶ逃走劇を繰り広げることになったのである。

安藤をはじめ、幹部の多くが検挙され下獄すると、安藤組の力は急激に弱体化していった。留守中の陣頭指揮を執ったのは、伝説の喧嘩屋・花形敬だ。だがその花形にとっても、安藤不在という根本部分を欠落した安藤組を統制することは難しかった。裏社会を腕一本で押しまくっていた男が、組織を維持していくだけで精一杯となり、守りの姿勢に入った。それが花形の隙を生んだのだろうか。安藤の社会復帰を一年後に控え、花形は対立していた組に襲われ絶命する。

さらに、安藤が娑婆に戻ると、国学院の空手部の猛者だった大幹部の西原健吾が殺害された。安藤はついに組の解散を決意。昭和三十九年十二月、東京千駄ヶ谷講堂で安藤組解散式が行われた。

稀代のラジカリスト

安藤昇は鮫である。泳ぎ続けなければ体内に酸素を取り込むことができない。だからその行動はいつも世の中の常識を超え、ときにヤバいほど過激だった。人間機雷の特攻部隊から復員し、瓦礫と化した渋谷の街に降り立つと、瞬く間に裏社会を席巻する。

伝統的ヤクザは常に権力から利益を得ている存在だ。アウトローとはいえ体制側の人間であり、内情はがちがちの権威社会である。安藤はそれらに迎合せず、自ら道を切り開くことを選んだ。前例のない観念、前例のない組織体系、前例のないシノギ。くだらない権威や旧来のしきたりを懐に呑んだコルトでぶち壊し、時代の一歩先を走り続けた。新聞紙上には毎日のように愚連隊「安藤組」の文字が踊る。

安藤のエンジンを止めるには、その心臓に鉛玉をぶちこむ以外に方法はない。そのため、愚連隊時代は幾度となく刺客が襲った。だが、正面からぶつかり合っても誰も安藤を殺ることなど不可能である。刺客たちは狡猾な不意打ちで罠を仕掛けた。安藤の頬に刻まれた疵はデッドラインのギリギリを歩いてきた証明だ。

自分が作り上げた安藤組が裏社会の権威になると、それさえも躊躇なくぶち壊した。徹底した権威に対する反発と、安寧に対する嫌悪。その後、安藤は俳優業に転身する。

誰もが「まさか」と思った。しかし、俳優・安藤昇は、現在のように元スポーツ選手が片手間で行う安っぽいものではなかった。主演映画は記録を塗り替える大ヒット。なにをやっても稀代のラジカリストなのである。オンタイムで安藤を知ることのできた世代なら、その名を聞いたことのない人間などどこにもいない。男も女も、ブルーカラーもホワイトカラーも、表社会に生きるカタギも裏社会に棲むアウトローも、この男には度肝を抜かされ続けた。生け簀で泳ぐ魚というべき現代人にとって、どんな環境でも過激に泳ぎきった鮫——安藤のロジックこそ格好の指針となるのではないか。

◇　◇　◇

——配属された部隊は特攻隊とはいっても、背中に爆弾背負って海に潜り、相手の船を艦底から狙うという、今考えれば馬鹿げた戦法だった（安藤が配属されたのは伏龍特別攻撃隊といわれた人間機雷の部隊だった。簡易潜水器を装備し潜水しながら、約五メートルの竹竿の先端につけた五式撃雷で水中から敵艦を奇襲攻撃する。もちろん自分の命はない）。同じように人間爆弾となったヤツが何人も海の中に潜ってるんだから、自殺のようなものだ。誰かが爆発したら、みんな誘爆しちゃって終わり。そのくらい当人である俺たちにだって分かっていた。だが、追いつめられて、考えが浮かばないんだろう。それでも俺たちは真剣だった。とにかく絶対にやってやると思っていた。

たしかに観念は現実の世界では無意味かもしれない。具体的にいえば大和魂だけで戦争には勝てない。でも、人間は自分がいま現実におかれているその場を、全力で生きるしかないだろう。生まれる環境や時代は選ぶことができない。自分の力でどうにもならないことは、いくら考えて、思い悩んでも仕方ない。「断崖から手を放って爾後《じご》を待つ」というが、自分の心に嘘をつかず、思うまま生きてきたのなら、なんの後悔もないはずだ。

だから、くだらないことに責任を転嫁せず、絶体絶命のピンチにおかれても、その原因は自分にあると思ったほうがいい。性格は内在化した運命。汚いことをしている人間は汚く生きるのだろうし、嘘ばかりつくヤツは嘘にまみれた人生を送る。せっかく生まれてきたのだから、正直に生きて、やりたいことをやっていればいいんじゃないか。そして尻は自分で拭く。そうすれば誰になにも言われる筋合いもない。ただ数年前、渋谷で「安藤組」を名乗った不良がいてね。そのときはうちの若いヤツが、すぐに止めさせたらしい。俺もそれは困るな。なにか悪いことをすれば、みんな俺のせいになっちゃう（笑）。

戦争が終わったとき、東京は一面灰になっていた。見渡す限りなにもなかった。そりゃあ生き

安藤昇

安藤組解散後、俳優に転身。一躍スターとなる（写真=産経ビジュアル）

ている自分にホッとしたという気持ちもあったけど、言葉にできない怒りが沸いてきた。東京はバカバカ爆弾を落とされて、女子供はただ泣きながら死ぬしかなかった。右翼とか左翼とか、イデオロギーなんて関係ない。一面灰になった街を見て、誰だってそう思うはずだ。だからといって不良になったなんて言うわけじゃない。今の世の中に生まれたって俺はやっぱり不良だろう。考え方が不良だからね。怠け者というかさ。

今みたいにラブホテルなんてなかったから、よく花園神社なんかに行った。あそこは暗がりが多くて、やるにはちょうどいい。新宿で喧嘩とセックスといえば花園神社、有名だったよ。神聖な場所ではあるが、非常事態だから神様も許してくれるだろう。

どうも話がそれたな（笑）。

今の人間はその点幸せだ。でも、いったいそれが本当の幸せかというと疑問に思う。物がないから、不自由だから、楽しかったということだってある。なんでも手に入るような満ち足りた生活をしていたら、どんなごちそうを食っても、いい女とやっても嬉しくないだろ。なにもない状況が幸せを生む。今の若い奴らは理解できないかもしれないが、逆にかわいそうに見えることもある。

その上親たちは、子供を厳重に守り、欲しがるものをなんでも買い与える。俺みたいに子供をまったく放っておくのもどうかとは思うが、幼稚園の頃からなんでも親がかりで、勉強しろ、いい子でいろと言われ続け、まともに育つわけがない。だいたい、いい学校に入って、いい会社に入ったからといって、素晴らしい人生というわけじゃない。挙句にリストラされてしまえば、そんな過保護な中で育った人間はどうすることもできない。頭を押さえつけて、他人を動かすなんて馬鹿げている。たとえ自分の子供でもね。

安藤組には規制はなかった。そんなの当たり前のことだ。来たいヤツは来ればいいし、嫌なら去っていけばいい。ただ、嘘をつかず、歯から先に出た言葉には責任を持つ。それでずっと通してみな。花咲くことがきっとあるから。だが人生を嘘で塗り固めていると、やっぱり駄目なんだ。不思議なもんだよ。そして、絶対に仲間は裏切らない。友達が泥棒だろうと、人殺しだろうと、大臣だろうと関係ない。裏切らなければいい友達だし、裏切る人間はどんな立場にいる人間だって最低だ。でも女には別だぜ（笑）。嘘をつくなっていうのは、男の世界の話。女とは騙し騙されのゲームを楽しんで、男同士の約束は守る。それで楽しい人生になるんじゃないか。

不良の善悪

俺の子供時代、そうだな、中学生の頃から新宿、渋谷、銀座の三カ所をグルグル回ってた。上野や浅草、池袋なんかも行ったけど、回数が違う。面白かったのは銀座。遊ぶには最高の街だった。その中で俺が渋谷を本拠地に選んだのには理由がある。渋谷は当時から大きな街だったけど、とにかく、たくさんの路線が入り込んでいる。山手線もあれば地下鉄も私鉄もある。街はビルや建築物が作るんじゃない。人間が作るものだ。今以上に発展する街だと考えたのも、渋谷にはもっとたくさんの人間が集まってくると思ったからだ。今の渋谷は、なにやら子供の街らしいが、それはそれでいいんじゃないか。中学生のときから遊んでいた俺にそれを批判する資格はないよ。渋カジの元祖は俺たちだしね（笑）。

東興業は万年会長（万年東一。安藤の兄貴分の兄貴分。愚連隊流儀ではヤクザでいう親分筋）の一字をもらい、バッチ（アルファベットのA。英字の代紋は後にも先にも安藤組だけである）を作った。いろいろな案があったが、最終的に俺がデザインしたヤツにした。人と同じじゃつまらねぇだろ。制服を作った理由は簡単なこと。だって考えてみな。ダボシャツ着たり、アロハ着たり、それぞれが好き勝手なカッコしているのと、みんなが同じスーツ着てビシッとしているのとでは、まったく印象が違う。それだけでなにかありそうな感じがする。見かけやカッコなんてどうでもいいというのは嘘だ。中身がなくちゃ本末転倒だが、立場や外見が人間を作ることだってある。洋服屋を呼んで十四、五着作らせたかな。幹部連中にだけ与えた。

幹部たちはみんないいヤツだったよ。花形（敬）だって、世間でいわれる花形と実像は違う。なんていったらいいか、かわいいし、真面目だし、繊細な人間。一度あいつが刑務所に入っているとき、手紙が来たことがあったな。綺麗な字でびっしりと、中でのことや出所後の展望みたいなことが書いてあった。明治のラグビー部だから、たしかに体はがっちりしていた。ヤツが酔っぱらって機動隊に囲まれたエピソードは最高だよ。乱闘になり、機動隊員二人をのしちゃったんだが、そのことを知った向こうのトップは「普段身体を鍛え腰に拳銃までぶら下げているのに、街の不良にやられるなんてどういうことだ」と、逆にのされた機動隊員に激怒したそうだ。考えてみればその通りだけど、粋な人だな。

不良は売られた喧嘩は迷わず買う。たとえ相手が誰であってもね。だが、闇雲に暴れ回っているわけじゃない。それじゃあただの狂犬だよ。あの事件（東洋郵船横井英樹社長襲撃事件）もそうだ。迷いなどまったくない。俺たちはたしかに不良で乱暴者かもしれないが、人間としての善悪はわきまえている。その後逃亡したのも、俺たちを暴力団と呼び、あんなあくどいことをしている横井を「善良な市民」と書き立てる世間に一泡ふかしてやれと思ったからだ。

逃亡しながら横井の親分格の五島慶太を恐喝していた。金額は一億円、今なら百億くらいの金に当たるだろう。その半分を検察や警察にばらまこうと思っていた。自信はあった。汚い人間をかばう汚い人間なら必ず金に転ぶ。

しかし、五島側の弁護士が「三千万なら」と言ってきた。俺が直接交渉したわけじゃないから細かなことは分からないが、もちろん蹴った。本当は三千万でもいいのだが、どちらにしても普通の人間には縁のない金額だから、即座に三千万用意できたということは、一億だって用意できる。値踏みをされたようで、値切りやがったことに腹が立った。

捕まったときは、映画とは違い二階で将棋を指していた。一階から「安藤さんですか」と声がしたので覗いてみると、階段の陰に四、五人の警官がいる。外には機動隊がぐるりと家を包囲していた。すげえなぁ、と思って「上がれよ」と声を掛けたんだが、一向に上がってこない。やっと上がってきたと思ったらバッと拳銃を構えやがって、「神妙にしろ」。ふざけるなっていうんだ。こっちはさっきから神妙にしているじゃねぇか（笑）。

横井にはその後一度会ったことがある。ダイエーに買い物に行くと、向こうからきたヤツとばったり鉢合わせした。「こんにちは安藤さん。ここは電化製品が安いです」って言うから「ああ、そうか」と答えた。どうやらダイエーに土地を貸していたらしい。なりふり構わず金を追いかけた人生は幸せだったのかもしれないが、結局なにも残っていない。死んだと聞いても特に感慨もなかったな。

解散したことについては未練なんかまったくなかった。花形や健坊（西原健吾。安藤組大幹部）の葬式で、母親が棺に取りすがって泣いていた。なにも言わないが、針のむしろっていうだろ、そんな感覚を背中に感じた。何度も「俺が殺した」と自問自答したよ。俺がこんなことを続けていたら、これから何人死ぬか分からない。殺った、殺られたということを繰り返しているとキリがない。虚しいだけだ。今世間を騒がせているテロ事件だってそうだ。報復を繰り返していたらキリがない。アメリカや先進国はテロだと決めつけるが、命を懸けて事を成し遂げるというのはよっぽどのことだろう。俺だって同じ事をやるさ。あれだけ追いつめられたらね。それを一方向から見た理屈だけで善悪を言う。テロリストも反対側から見れば英雄なんだ。戦争にいい悪いなどという論議は不毛だよ。

俺は人の何倍もの人生を楽しんだ

じゃあ不毛はやめて、有毛な大人の女の話をしよう(笑)。

俺の初体験は七歳のときだった。孔子が「男女七歳にして席を同じくせず」というのは正しいわけだ。チンポは勃ってるんだが、いきゃしない。セックスだってなにがなんだか分かっちゃいないから、本能なんだろう。テクニックだって全部実戦。あんなもの勉強して上手くなるものじゃないよ。

いい女とはセックスが好きな女のこと。なんの反応もない女を抱いていたってつまらない。処女崇拝論など、俺にはまったく理解できない。「セックスが嫌い」なんていう女には魅力はない。しとやかじゃなきゃ困るが、女優もお嬢様も不良娘も、やりゃあ一緒。バラにはバラの良さってものがある。なにか一ついい形があって、あそこが臭くなきゃ問題ない（笑）。でも、今のガリガリの女はあんまりいいものではないな。

世界中には何億、何十億という人間がいる。その営みが何千年と続いてきた。その上女が魅力的なのは二十歳から三十歳までおよそ三千日ときてる。せっかく生まれてきたんだ、どんどんセックスして、人生を楽しまなければ損だ。「英雄色を好む」というのは、余裕があるかないかの差だろう。気取ったってしかたないし、嘘をつくのは嫌だから、いい女に出会ってやりたいと思ったら「やらせろ」と言う。それでいいんだ。目の前にいる「いい女」と出会った確率は、まさに天文学的確率。今を逃がすと二度と出会えない。「嫌です」という返事なら、さっさと他の女のところへ行けばいい。

でも、ときに困ったこともある。あるとき、渋谷で旅館の女将といい仲になった。そのうち舎弟連中がその旅館に寝泊まりするようになったんだが、夜一発やると翌朝のおかずが、がらっと違う。女将は中肉中背、三十歳くらいでもち肌、いいカラダだよ。

だから俺だって一日一発ならいい。でも一戦交えて寝ると、夜中に俺のチンポをしゃぶってる。若いからやっぱり勃つ。結局三発、四発ってことになる。義務感だからほんと苦痛だった。女が増え過ぎて、除夜の鐘を聞きながら七人の女を回ったこともあった。順番は適当だけど、みんな寸止めするのがコツだ。そうじゃなきゃ、さすがにもたない（笑）。でも、たった一人だけ、俺にもまったく手の出せなかった女がいる。一日だけしか会っていないんだが、本当にいい女だった。綺麗過ぎてチンポも勃たない。今でも思い出すことがあるな。

俳優になったのはとにかく金がなかったから。映画の仕事をすれば、飯が食えた。カメラやライトの前で演技をするなんて気恥かしさもあったが、なにかを作り出すことは好きだから、それほど苦痛じゃなかった。もちろん、俺の映画が当たるなんてこれっぽっちも思っちゃいない。

それから監督やプロデューサーもやるようになり、たくさんの映画を撮ったが、自分の映画で気に入ってる作品は一つもないよ。映画は結局、本（脚本）だ。撮影前日まで手直しするが、やっぱり『ゴッドファーザー』のような映画は作れない。

『やくざ残酷秘録 片腕切断』（一九七六年。監督・安藤昇）なんて本当にいいかげんなものだ。とにかくどんどん作って金を回していかなきゃならなかったから、八百万くらいの予算と十日ほどの日程で、あっという間に作った。腕の切断はやらせ。本当に斬れるわけがないだろう（笑）。あれは実は俺の腕なんだ。畳を立ててカメラを寝かせ穴からひょいと手を出したんだ。

指を詰めるシーンは本物だ。専門家に聞くと、切り落としてすぐならもと通りになるらしいとのこと。三十万円で小指を切るヤツを探して、現場に医者を待機させて撮影した。ただ、本来は関節の構造からいって、掌を表側にして斬るほうが具合がいいんだが、そこは迫力が違うだろ、見栄えのいいように反対から切ったけどね。

俺は人に誇れることはなにもしてきていないが、人の何倍もの人生を楽しんだ自負はある。軍人、不良少年、ヤクザ、映画俳優、監督、作家、喧嘩もしたし、刑務所にも入った。やり残したことなどなにもない。

◇　◇　◇

俳優に転身後、ある裏社会の人間が引退した安藤の前で少々不遜な態度を示したとき、安藤は「俺は男を捨てたわけじゃねぇ」と一喝した。男は男らしく、女は女らしく生きる。そのことにヤクザとカタギという差違はもちろん、職業も、立場も、年齢も関係などない。

一触即発の方程式を生き抜いた安藤の人生は単純な定理に貫かれている。だが単純なものこそ極限状態では強い。人生も生活もシステムも、複雑にすればするほど脆いのだ。安藤昇がこれからも長く語り継がれるとすれば、それは彼のロジックが誰にでも当てはまるシンプルで普遍的なものだからである。安藤スピリッツは永遠なのだ。

03

花形敬

――素手ゴロの天才

白いスーツにボルサリーノ

昭和三十年代のある夏の終わり、渋谷の百軒店。スタンドバーで一人のチンピラがトリスの炭酸水割り――このところ流行りのハイボールを飲んでいた。店の女給をからかいながら二、三杯引っかけ、いい気分になって外に出る。途端、通りを歩いていたガタイのいい男たちとぶつかり合ってしまう。ぶつかった男たちは気にする様子もなく、「チッ」っと舌打ちして、そのまま歩き出した。

「おう、ちょっと待てよ。お兄さんたち、人にぶつかっておいて挨拶なしか」

すぐに喧嘩が始まった。酒場でのトラブルは、いつの時代も些細なことだ。

相手は土方たちだった。ぶつかった男の他は四人、みな肉体労働で鍛えたごつい体をしている。

まもなくチンピラは袋叩きにあって地面に這いつくばった。多勢に無勢だから勝ち目などなかった。

ヤクザが喧嘩に強いというのは、社会的に捨てるものがないからである。警察に捕まっただけでクビになる会社員とはそこが決定的に違う。だからといってヤクザがストリートファイトで最強とはならない。実際、肉体だけのぶつかり合いなら、不摂生の塊のようなヤクザより、鳶や土方のほうが強いだろう。

そのとき、無様に寝ころんだチンピラの斜めになった視界に、白いスーツの男が映った。夜なのにサングラスをして、長身の体躯にボルサリーノをかぶった様はギャング映画から抜け出してきたようだった。まだ距離はあるが、チンピラはすぐにそれが誰であるかを理解した。

「敬さん……」

コツコツと革靴の音を響かせ、白いスーツの男が近づいてくる。うずくまるチンピラの側まで来ると、

「喧嘩はいくらぶっ飛ばされても、『負けた』と言わなきゃ負けじゃねぇんだ」

と吐き捨てるように言った。

ＫＯ勝ちで調子にのる土方たちは、

「テメェには関係ねぇだろ」

と裏がえった声で怒鳴り、白いスーツの男の肩をこづく。

「なんならよぅ、てめぇも料理してやろうか」

知らぬが仏とはまさにこのこと。

スーツの男はゆっくりとサングラスを外し土方たちを一瞥した。顔面には無数の刀傷があって、目が猛獣のようにギラついていた。視線の鋭さにたじろぐ土方たちを見回し、「フフッ」と鼻で嘲るように笑う。獰猛な目と笑みを浮かべた口元がアンバランスだった。

土方のリーダー格がボクシングのファイティングポーズをとると、堪えきれず「アッハッハ」と声を出して笑った。どうやら心底おかしいらしい。

「この野郎、なにがおかし……」

怒りで顔を真っ赤にした土方の言葉が終わらないうちに、「ゴフッ」という鈍い音が立て続けに響いた。声にならない呻きが重なり、五つの人影が次々と倒れ込む。それを合図にしたかのように、スーツの男は曲がった帽子を直しながら、こちらを振り向いた。

「おい、少し付き合えよ」

やっと立ち上がったチンピラにそう言って歩き出す。その間、わずか二十秒。単純にいえば一人四秒の計算になる。いや、正確にはもっと短い時間だったかもしれない。

「あっという間だったよ。こう、敬さんが三、四歩進んだ間にぶっ飛ばしちまった感じだった。相手もなにが起きたか分からなかったんじゃないか。間近で見たのは初めてだったから度肝抜か

れたよ」（在京の広域暴力団幹部）

白いスーツの男の名は花形敬。渋谷の東興業、通称安藤組の大幹部である。

力道山も恐れた男

スカーフェイス、狂乱の貴公子、大江戸の鬼。どれも安藤組の花形敬につけられた異名だ。これらはすべて、花形の喧嘩の強さに由来していた。花形について、当時を知るヤクザたちの証言を端的にまとめると、「素手ゴロの達人で無敵のストリートファイター」となる。

「敬さんは本当に強かった。当時、敵対してた俺たちが言うんだから間違いない。いま親分と言われる人たちだって、敬さんにぶっ飛ばされた人は何人もいる。暴れたら、もう黙って見てるしかない。誰も止められない。安藤（昇）さん、加納（貢）さん以外はね」（広域暴力団二次団体幹部）

喧嘩にまつわる花形のエピソードはあまりに多い。相手が誰であろうと、花形にかかれば赤子も同然だった。ヤクザ社会でいまも語り継がれる「花形の名を聞いて震え上がらなかったヤクザはいなかった」という話は、決して大げさなものではないのだ。闇市のテキヤも、博奕打ちも、みな花形が通りを歩くと姿を消した。花形は喧嘩の天才である。凡人はいくら努力しても、天才にはかなわない。

まず形相がすさまじかった。顔面には二十カ所以上の刀傷があって、一睨みにされただけで、たいていはすくみ上がった。「迫力を出すため、自分でナイフを使って切り刻んだ」という証言の真偽は定かではない。喧嘩の天才である花形が顔面を斬り付けられることなど考え難いから、その可能性は高い。

喧嘩になれば、すさまじい破壊力のパンチを繰り出した。それもたいていの場合、相手一人につき一発と決まっていたという。蹴りやラグビーで鍛えたタックルを使うのはよほどのときだ。「喧嘩で賭をするのは誰でもやる。普通は勝つか負けるかだ。だけど花形の場合は相手が一発で沈むか、二発かで賭けた。花形のパンチは鉛みてぇに重ぇんだ。食らったらどんなに図体のでかいヤツでも、たいがい吹っ飛ぶ。相撲取りだって膝をつく」（安藤組大幹部・森田雅。安藤組の別働隊隊長。鹿島神流の達人）

その上、スーツもハットも汚すことはなかったというから驚かされる。

素行の悪さで知られるプロレスラーの力道山も、花形の前では借りてきた猫のようだったらしい。二人のぶつかり合いは、力道山が渋谷にキャバレー「純情」をオープンさせたことが発端だった。

昭和三十年、鳴り物入りで渋谷宇田川町にオープンした「純情」は、この地の覇者である安藤組に筋を通さないまま開店した。当時の水商売は、地元の組織に渡りを付けなければ、絶対に商売など出来ない業種だ。理不尽極まりないが、それが当時の常識である。

にもかかわらず「純情」サイドが安藤組を無視したのは、バックに力道山が付いていたからである。力道山はプロレス界のスーパースターであると同時に、リングを降りてからもめっぽう喧嘩が強く、酔うと手の付けられない暴れ者だった。その上、飛ぶ鳥を落とす勢いにある町井一家（その後東声会となり暴力事件を頻発させた。現東亜会）と密接な関係にある。乱暴な言い方をすれば半分ヤクザ。リングでもストリートでも裏社会でも強かったのだ。

「野郎、ふざけやがって」

花形と安藤組の大幹部たちは、すぐに「純情」に向かった。入口でフロアマネージャーを詰問していると、奥の階段から力道山が姿を見せた。鼻息荒く力道山が言う。

「なんの用だ」

「てめぇに用はねぇ。ここのオヤジに用がある」

花形が顔色一つ変えずに答えた。

「この店の用心棒は俺だから話があれば聞く」

この一言に花形がキレた。

「てめぇ、ここをどこだと思ってやがる。てめぇみてぇなヤツに用心棒が務まるか！」

真っ赤な顔でワナワナと震える力道山は、鼻っ面を付き合わせるようにして花形と睨み合った。一触即発の緊迫感が辺り一面に漂った。

「飲もう」

そう言って折れたのは力道山だった。しかし、それでハッピーエンドになるほど、暴力社会の喧嘩は甘くない。おイタをすればお仕置きをされる。それがルールだ。一度牙を剥いた以上、力道山は落とし前をつけなければならなかった。しかし、天然なのか故意なのか、力道山は自分が取り返しの付かないことをしたという自覚がないようだった。

「てめぇはプロレスが商売か、用心棒が商売か!」

横で成り行きを見ていた別の安藤組大幹部が凄む。力道山は無言で階段の奥に消えた。

この事件は力道山と親しい力士が間に入り和解のテーブルが持たれた。その席を力道山がシカトしたことによって、力道山襲撃計画に発展。銃を抱いた安藤組の襲撃犯が、交代で大森にある力道山の自宅に一週間張り込むことになった。姿を見せればもちろん撃つ。口だけの脅しと違い、安藤組は実行することでのし上がってきたのだ。しかし、襲撃犯が自宅に戻らない力道山にイライラしているところへ、再び力士から詫びが入った。結末は暴力社会の人間が国民的英雄に「二度と悪酔いして暴力を振るいません」との確約をさせるというブラックジョークのようなものとなった。

安藤組大幹部、無敵の喧嘩師として名を馳せた

暴力の裏にある繊細さ

昭和五年生まれの花形は、東京世田谷に生まれた良家の子息である。家柄もよく、実家は大地主だ。このことから分かるように、花形が暴力社会に飛び込んだエクスキューズを、貧困や差別に求めるのは無理がある。

国士舘中学を暴力事件で退学になったあと、明大予科に進んだ。その後安藤組入り。数々の伝説を積み上げていく。

「花形を（安藤組に）連れてきたのはＳ（インタビュー当時、渋谷裏社会におけるドンの一人。花形とは国士舘中学の同期生）だった。とにかく大人しい印象だったな。礼儀作法も言葉遣いもきちんとしてる。ガタイはよかったし、学生の間ではずいぶん名を売ったらしいけど、安藤と較べりゃ子供だ。なんで安藤組に入ったか？　そりゃあ、安藤に憧れたんだろ。俺たちはみんなそうだ。あの時代の男で、安藤に憧れないヤツはいない」（須崎清。安藤組の面々からマムシと恐れられた安藤組大幹部の筆頭格）

時代も理由の一つだ。

戦後の愚連隊には復役軍人が多い。花形が憧れた安藤も、特攻隊帰りである。彼らのほとんどは敗戦という特殊な状況がない限り、暴力社会に身を投じることはなかった人間たちだ。アウトロー社会には、あちこちに傑物が漂着していた。男なら、問答無用に憧れる。花形もその一人だったのだ。

喧嘩の際には鬼神と化す反面、須崎が言うように、普段の花形を大人しい性格だったという人間は少なくない。花形のヒーローだった当の本人、安藤昇もこう証言する。

「狂犬？　そんなことないよ。普通だよ、当たり前じゃねえか。花形が懲役に行ったとき（昭和三十七年五月。百軒店でキャッチバーを経営する白系ロシア人「人斬りジム」と乱闘。その傷が元で死亡させた傷害致死事件）、俺に手紙を送ってきてね。それが残っていれば見せてやるんだが、どこいっちまったのか。とにかく、綺麗な細かい字で、びっしりと『出所したらこうするつもりです』とか、『これからは目標をしっかり持って』なんて書いてある。繊細なんだよ、花形は」

ジキルとハイド。誰もが持つこの素養を極端に持っていたのが、花形という人間なのかもしれない。

なにしろ、花形の酒乱は特別だった。腕っぷしが強いから、酔うとまったく手に負えなかった。ヤクザたちが逃げ回ったのは、酩酊した花形がどれだけタチが悪いかを知っていたからでもある。その悪癖は安藤組内部でも、深刻な齟齬を引き起こした。

花形が安藤組組員に撃たれたのは昭和三十三年二月のことだった。安藤組内宇田川派と大和田派の内部対立だ。発端は酔って暴れ回り、狼藉をはたらく花形個人に対する感情の暴発である。

刺客は千鳥足の花形を呼び止め、真正面から銃口を向けた。

「おい、M。なんの真似だ」

間合いを詰める花形に無言で刺客が引き金を引いた。初弾が体をかすめ、脇の壁にめり込んだ。

「M、お前にゃ俺を撃てねぇよ」

そう言ってゆっくりと左の拳を差し出す花形に、刺客は再び引き金を引いた。今度はその拳を弾丸が貫いた。血飛沫が舞い、花形がよろめく。

「バーン」

とどめの三発目が花形の腹部に吸い込まれた。刺客は花形が崩れ落ちるのを確認して走り去った。

しかし、花形は生きていた。自力でタクシーに乗り、病院で応急処置を受けると、医者の制止を振り切ってそのまま女と夜の街に戻ったのだ。腹部の弾丸は内臓を避け、運良く貫通していた。とはいえ常軌を逸した行動、並外れた体力である。この事件は安藤組の面々から「神様、仏様、加納様」と慕われた愚連隊の帝王・加納貢が間に入って解決した。激しいぶつかり合いは安藤組内部の膿を出すことにもなり、派閥間のいがみ合いは払拭されたという。

強いものほど殺される

昭和三十三年六月、列島を震撼させた日本郵船横井英樹襲撃事件が勃発する。権威をあざ笑うかのごとく挑発的な逃亡を続ける安藤に、警察は激怒した。事件後、組長の安藤以下、花形ら幹部はことごとく逮捕された。襲撃を担当したのは安藤組随一の突破といわれた志賀日出也の赤坂支部で、花形は後方支援を担当していた。そのため刑は軽く、いち早く出所した。

渋谷に戻った花形は愕然とする。もはや安藤組に昔日の面影はまったくなかったのである。組員は激減し、築き上げた縄張りは蹂躙されるがままだった。なかには「安藤組など過去の話だ」とあからさまに挑発するものもいた。

安藤組の組長代行となった花形は、まるで人が変わったようだったという。

「帰ってきてからの敬さんは別人になっちゃったもんな」（元安藤組組員）

暴力で相手を屈服させ続けてきた花形は、一転して穏健派となり、話し合いを重視し、下げたことのない頭を下げた。安藤不在の責任感、警察の厳しい取締まり、懲役での経験が花形を変えた。

そんな弱味を、弱肉強食の世界に生きるヤクザたちが見逃すわけがなかった。ライオンが真っ先に狙うのは、弱っている鹿だ。弱体化した安藤組はヤクザたちの集中砲火を浴びた。

〈社長さえいれば……〉

花形は何度もそう思ったのではないか。社会現象にもなった安藤組という組織は、それだけ、安藤昇というたった一人の男に依存していたのである。

昭和三十八年九月二十七日。安藤組の組員が町井一家の人間をめった斬りにした事件の報復が、組長代行の花形に向けられた。待ち伏せていた町井一家組員のドスが、川崎市の路上で花形のはらわたをえぐった。享年三十三。強いものほど殺される。その定理がまた一つ証明された。

◇　◇　◇

伝説というものは多かれ少なかれ脚色されている場合が多い。特に裏社会のことは、いい加減な伝承が大手を振ってまかり通っている。マスコミから黙殺されるジャンルであり、確かめようとする人間もいないから、どうしたって話が大げさになるのかもしれない。

戦後の東京にはこういった裏社会の伝説がたくさんあった。個々の事例をあげつらうのは避けるが、それら伝説のほとんどは贋作だ。花形に関しても、美化された部分があることは否定しない。たとえば加納貢は花形を、

「軍曹であったが、大将ではなかった」

そう短い言葉で評する。花形には人の上に立つ器量がなかったということだろう。

だが、彼の素手ゴロが神がかり的だったのは本当の話だし、ヤクザたちにとって恐怖の存在であったことも事実である。

そもそも、どれだけマイナスポイントがあっても花形敬の伝説を瑕疵しない。刃物で自らの顔を斬りつけた花形は、疵だらけの美学を望んでいたのだから。

04

三木恢

新宿最後の愚連隊

歌舞伎町の風雲児

暴走族がヤクザを駆逐するなどと言ったら、くだらない戯言だと一蹴されるのがオチだろう。そりゃあ単にプロフェッショナルとアマチュアの違いなら、アマがプロに勝つことだってある。しかし、楽しいからするワルさと、生きるためのワルさは異質なものだ。とてもじゃないが下克上など夢のまた夢。荒唐無稽な笑い話でしかない。

だが、過去の新宿にはたったひとつ例外があった。彼らはプロであるヤクザを向こうにまわし圧倒的な勢力を有したばかりか、数多くの組織を壊滅に追い込み、誰もが認めるナンバーワンにのし上がるのだ。当時、盛り場の利権にありつくため、たくさんのヤクザたちが彼らの門前に馬を繋げ舎弟となったと聞けば、その強さが分かるだろうか。一時期とはいえ歌舞伎町をひとつの組織が占有したなどということは、後にも先にも例がない。

あり得ない笑い話を現実にした男——それが三声会の三木恢《ひろむ》である。

◇　◇　◇

三木は昭和十三年、朝鮮の公州で生まれた。小学校二年生のとき、父親の仕事で上京、鷺宮に転居する。小学校、中学校時代の悪童ぶりはつとに有名で、何度も警察の世話になったという。三木のやるワルさはただひとつ、すべて喧嘩だった。柔道の有段者であり足腰が強かったため、打撃戦より接近しての戦いを得意としていたらしい。殴り合いの応酬のあと、払い腰で投げ飛ばすのがいつものパターンだ。しかし三木の喧嘩には陰湿な匂いが皆無で、たとえば敗者から金を巻き上げたりすることはほとんどなかった。喧嘩して決着がつけば、そこでハイ終わり、なのだ。極論すれば三木にとっての喧嘩はスポーツのようなもの。エネルギーを発散していただけなのかもしれない。

中学校卒業後は、私立巣鴨高校に進学した。現在の巣鴨高校は進学校として有名だが、当時は不良の集まる落ちこぼれの救済校である。高校に進学した三木はそれまでの悪ガキ時代とはうってかわり、一心不乱に勉学に励むようになった。翌年には都立石神井高校の編入試験に合格。一年ダブりはしたが、ワルのはきだめから進学校へと転校することになった。

実際、三木は生まれ変わったようだったという。勉強はあっという間にトップクラスとなった。おまけにもともと運動神経は抜群だ。スポーツ万能、成績優秀とくれば、ちょっと嫌なくらいの優等生である。だから昔の不良仲間たちが面白くねぇ、と思ったのも理解できる。自分だけいい子になりやがって、という幼稚な嫉妬である。

不良たちは、三木を叩きのめそうとチャンスを窺った。しかし、三木にはまったく隙がなかった。不良たちは舌打ちし、その腹いせに三木の同級生に凄惨なリンチを加えた。これまで不良仲間との交流を一切絶っていた三木だが、仲間がやられては話が別だった。ついに三木は沈黙を破る。勝負は首謀格である不良のボスとのタイマンに決まった。十数人が見守る中、石神井公園で素手ゴロ勝負が行われた。

勝負は一瞬だったという。組み合ったと思った刹那、ボスの体は三木の背負い投げで宙を舞った。ただ、この日の三木にはひとつだけ、いつもと違うところがあった。倒れ込んだところに何度も強烈な蹴りをぶち込んだのだ。すでに戦意を失った相手に、執拗な攻撃を加えるなどということは、これまでの三木には絶対になかったことだった。汚い手口にそれほど怒っていたのか、あるいは残忍な暴力の魅力にとりつかれてしまったのか。それは三木自身にしか分からない。この喧嘩をきっかけに、優等生だった三木の暴力性が再び開花し始める。ひたすら喧嘩相手を求め、近隣の高校へ遠征した。

そんな中、常日頃ヤクザ組織と関係があると吹聴していた上級生に同級生が脅され、そいつを呼び出してシメた三木の行動が問題となった。自分の喧嘩を親に直訴するなどまったく情けない限りだが、ヤクザとの関係を自慢するヤツなどしょせんこの程度だ。三木をはじめ数人の退学処分が検討された。同級生がオロオロする中、三木は職員会議に乗り込み、「俺が辞めればいいんだろう。他の奴等は俺についてきただけだ」と啖呵を切って退学した。その後、親の強い要望で京王商業へ入学したが、今までのように自分の中の暴力性を抑圧することはなかった。解放された自己をむき出しにして喧嘩三昧の日々を送り、あっという間に京王商業の番長になった。新宿に出始めたのはその頃だ。

昭和三十年初頭、私鉄・国鉄沿線で勢力争いを繰り広げた不良たちは、喧嘩を繰り返しながらゆっくりと都心部へと向かっていった。新宿は東京有数の歓楽街であり、東京西部の不良たちにとっての最終目的地だった。鷺宮の三木恢をはじめ、武蔵境の新井、沼袋の小島など、たくさんの学生不良たちが新宿を目指した。

新宿には戦後すぐの頃からテキヤ組織がしっかりと根を降ろしており、神武景気で湧く昭和三十年代初頭もいまだマーケットは健在だったため、西口の安田組、東口の尾津組、中央口の和田組、野原組（組織名称はすべて当時のもの）など、多くのテキヤ組織が地盤を築いていた。また、二幸（現在のアルタ）裏には博徒・塚原一派（後の住吉会系列）、青線の入口として賑わった要通りには極東組（当時）もいる。新たな愚連隊が食い込むのは難しい。

三木が目を付けたのは歌舞伎町だった。昭和三十一年にコマ劇場がオープンする以前の歌舞伎町は、わずかな飲食店がまばらに存在するだけで、とても歓楽街とは呼べないような街だ。新宿駅と目と鼻の先にもかかわらず、この地にいたのはコマ劇場横の山木組などわずかの組織と大小様々の愚連隊たちだけなのだ。不良学生グループの中でいち早くこの地に勢力を張ったのは、高田馬場にある保善高校に通うTが率いる西武グループである。その名の通り西武線沿線の不良たちが中心となって結成された一派で、頭抜けた暴力性を持っていた。人数も多く破竹の勢いにあった。

三木は進出に当たって、サンドイッチマンを始めることにした。この新手の商売はヤクザ社会と深い関わりがあり、いってみれば目的は人脈作りと情報収集にある。その上けっこうな金が貰えるのだから一石二鳥だ。口の悪い不良は三木の姿を見て「恥知らず」と陰口を叩いた。しかし、三木は一向に気にしない。

「くだらない世間体さえなきゃ、けっこういい商売だと思うけどね」

三木は知人の一人にこう語っている。

ほどなくして西武グループは三木の手によって壊滅した。集団で戦っては三木に勝ち目などなかったが、サンドイッチマンをしながらTの性格を調べ上げた三木が見事な罠を張り、タイマン

十代で愚連隊組織の頂点に立った三木

勝負に持ち込んで勝利したのである。

演出としての暴力

三木は暴力のみを強く信奉し、他のことには頓着しない合理主義者だった。たとえば服装などまったく気にしなかった。毎日同じよれよれの背広に開襟シャツ、というのが三木の定番スタイルで、雪駄を引っかけてどこにでも出掛けた。新宿で愚連隊の帝王と呼ばれた加納貢は、靖国通りで三木と会ったことがある。挨拶に駆け寄った若者はやけにみすぼらしい格好で、後にあれが歌舞伎町の三木と聞き驚いたという。加納たちの世代には「不良はナリだ」という哲学があって、三木のようなスタイルは恥でしかない。世代の違いともいえるが、どちらかといえば三木の個人的な価値観だろう。

その反面、どんなことがあっても自分の美意識を曲げることはなかった。平気で火中の栗を拾うようなこともした。後日談になるが、三木が保釈逃亡中のエピソードがある。

渋谷で何軒かのバーをハシゴしていると、路上で大きな人だかりが出来ていた。警察から逃げている最中だから、トラブルになると面倒だ。好奇心に負け、人混みをかき分け覗いてみると、一人の大男が十人余りの土方を相手に睨みを利かせていた。それぞれ手に棒やビール瓶などを持ち、じりじりと大男との間合いを詰めていた。

「警察が来たらヤバい。逃げましょう」

大きな騒ぎになると思った舎弟が気遣ったが、三木は大男の顔を見ると、

「安藤組の花形だ。助けるぞ」

と小さな声でつぶやき飛び込んでいった。花形と短く言葉を交わすと、あっという間に土方の一人を宙に投げ飛ばす。激しい乱闘の始まりだ。

サイレンの音が近づいて来ると、さすがに三木も素直に舎弟に従った。花形に目で挨拶を送り、人混みの中から脱兎のように抜け出した。帰りの電車の中、舎弟が三木に向かって、「もう少し自分を考えて下さい」と言うと、三木は「男の生き方は計算抜きだ。今日のことは誰にも内緒だぞ」と人懐っこく笑ったという。

見栄を張らず利益をシビアに計算する頭脳と判断力。裏側にある損得抜きの熱い血潮。相反する二つの要素が、三木にの体内には潜んでいた。まだ、青臭いガキなのだ。

その青さが三木の求心力でもあった。

〈オレには仁義もいらない。ナワ張りもない。ケンカだけだ。あの場所が金になると思えば、そこに行くだけだ。気にしたら生きちゃいけねぇ。こっちが悪くても、一応の理由があればそれでいいんだ。弱肉強食の世だからね。ある程度は仕方ない。〝つぶせるものはつぶせ〟というのが

オレの主義だ。強いものが勝ちなんだよ。オレは太く短く生きるんだ〉（『サンデー毎日』昭和三十四年七月二十六日号）

三声会結成直後、三木は雑誌のインタビューにこう答えている。

「このとき……覚えてるよ。もう三声会はけっこう大きかったけどね。どんどん『入りたい』ってヤツがでてきた。三木さんも方々で言われたみたいだった」（元三声会幹部）

極端に尖った姿勢は不良たちの描くヒーロー像そのままだった。三木は新宿の不良のカリスマとなった。

だが、不思議なことに、当時の不良仲間が口にする三木の評判は、そのほとんどがいってみれば「三木はいいヤツだった」という類のもので、好意を示す人間は多いが、あからさまに悪意をむき出しにする人間はほとんどいない。激しい争いを繰り広げた対立組織の中でさえ、「俺は三木が好きだった。人柄はいいし優しい奴だった」と証言する人間がいる。雑誌のインタビューにあるような暴力的な姿は、関係者の証言からはみじんも感じられないのだ。

ならば狂犬としての三木の姿は意図的に作られた虚像ということになる。一種の暴力パフォーマンスと言い換えてもいいかもしれない。三木はことあるごとに自己プロデュースを行った。ときには衆人環視の中で幹部たちを並べ、端から殴りつけることもあった。それを見た通行人たちは、改めて三声会の暴力性を脳裏に焼き付ける。自分をどう見せるか、計算しているのである。

暴力イメージが定着し、戦わずして相手が頭《こうべ》を垂れてくれれば、これほど合理的で都合のいいことはない。三木は暴力社会の本質を見抜いていた。実際にすべての場面で暴力を行使すれば組織は大きく消耗する。愚の骨頂である。

こうして「手の付けられない誰にでも噛み付く暴れ者」という三木のイメージは増幅され、新宿に拡散していった。

最後の標的はヤクザ

西武グループが歌舞伎町から姿を消すと、三木はその地盤を支配すべく、仲間たちを集めて山手学生クラブを結成した。日に日に学生番長が集まり、山手学生クラブは膨れ上がっていった。その後、学生グループの寄せ集めだった山手学生クラブを発展解消し三声会が発足、三木はそのリーダーとなった。

それからの三木のやり方はシンプルだった。喧嘩で勝つ、ただこれだけだ。だから喧嘩には絶対負けるわけにはいかない。暴力だけが三声会のエネルギーである。

三木は美意識やロマンを徹底的に排した。

たとえば、三声会としての喧嘩では徹底的な人海戦術をとった。一人の相手に対し、数人、数十人といった人数で対峙する。たとえ数々の修羅場をくぐった鬼神のような人間でも、大勢の人間が何重にも周囲を囲めば手も足も出ない。また、その場でカタが付かなければ、徹底的に相手を追いつめた。三、四十人という人数で電車に乗り込み、相手の地元を急襲するのだ。

喧嘩に継ぐ喧嘩——。短期間の間に三声会は歌舞伎町一の不良学生グループに成長していった。舎弟たちはネズミ算式に新たな舎弟を作り、ゆうに五百人を超えた。こうなれば黙っていても「三木の舎弟になりたい」という人間が各地から集まってくる。ネオン街に仕事を持つバーテンや飲食店の店員も三声会に加入し、組織は爆発的に膨張した。

歌舞伎町の至るところ、路地や交差点、深夜喫茶やバーには三声会の人間がたむろしており、なにかあれば一瞬で何十人という人間が集まるようになった。たとえば伝令なども、街に立つ三声会会員の間をまるで伝言ゲームのように流れ、あっという間に伝わった。あまりに大人数となったため、三声会の会合は新宿御苑や上野動物園で行われたというから驚く。

不良少年グループをほとんど制圧した三木にとって、次の標的はヤクザ組織だった。

既存のヤクザ組織の人間たちは三声会を「ジャリのお遊び」「ガキの集団」と相手にしていなかった。街で三声会に会っても極力無視した。「のさばらせておいたらとんでもない障害になる。今のうちに三木を殺せ」という声もあったが、相手はガキであり、謀殺したことが明るみになれば世間の笑いものになる。万が一失敗すれば、それこそ取り返しがつかない失態だ。

ヤクザが黙殺を続ける中、三声会は既存の組織が用心棒を務める店に手を伸ばし始めた。最初は、五、六十人でそういった店に押しかけ、大声を上げ騒いだ。

警察が来れば蜘蛛の子を散らすようにいなくなる。用心棒を務めるヤクザ組織の人間たちが来れば大人数で包囲する。

あっという間に周囲を幾重にも三声会会員に囲まれると、喧嘩のプロも顔色を失った。まるで出来の悪い喜劇だった。

ある組織は意を決して日本刀やドスを手に三木を襲ったが、やはりあっという間に何百人という少年たちに囲まれ身動きがとれなくなってしまったという。

ビールの瓶や石が至るところから飛来し、棍棒や木刀が容赦なく襲いかかった。ターゲットとされたこの老舗組織はその後まもなく壊滅に追い込まれた。

勢いに乗った三木は、ついに禁断の領域に手を伸ばす。ヤクザの本業――賭場を歌舞伎町に開業したのだ。

もちろん三声会から挨拶はしない。実力によるゲリラ開帳で、文句があるならいつでも来い、喧嘩なら受けて立つという意思表示である。

新宿のヤクザたちは色めき立った。不穏な空気が歌舞伎町に流れ、愚連隊とヤクザの大抗争があるのではないかと噂された。

しかし、終末は意外な形で訪れる。昭和三十六年十月三十一日、三木が他組織に所属する兄弟分によって射殺されるのである。

「喧嘩の原因は若いヤツだった。明日また話をしようと言うことで別れたから、三木さんは安心していたんだと思う。用事があるからと店の外に出ていった。そこで戻ってきた兄弟分と相手が鉢合わせした。相手は銃を三木さんの胸に付けて肩を抱き、引き金を引いた。もちろんくっつけてるんだから外しゃあしない。すぐに三木さんを春山外科に運んだ。三木さんはその日いつもと同じ三ツボタンのスーツに雪駄履き。三声会のバッチが襟に光ってた」（元三声会幹部）

こうして歌舞伎町の風雲児は数々の伝説と足跡を残し消え去ったのである。

三木の死は、同時に暴力社会におけるアマチュアの終焉だった。以後それからの裏社会は、のどかな不良少年たちが友情などという甘っちょろい理想で渡っていけるようなものではなくなったのだ。

事実、彼の死後、同様のスタイルを踏襲、または模倣したアウトローは新宿において誰一人として存在しない。

05

加納貢

――拳ひとつで生きた帝王

プロより強いアマチュア

加納貢は大正十五年、東京・初台に生まれた。父親は某銀行の頭取、はっきりいえば金持ちのボンだ。そのことに触れられるのを最も嫌がる加納だが、裏社会の利権にまったく目もくれず、例外的に理想を追い求める〝綺麗〟なアウトローとして生きることができたのは、けっして育ちの良さと無縁ではないだろう。ちなみに、彼の兄貴分にあたる「愚連隊の元祖」万年東一や兄弟分である「愚連隊の王者」安藤昇、その配下である花形敬なども、みな同じように裕福な家庭の子息だった。そのため、社会の底辺からのし上がっていくといったハングリー精神、ドロドロした権力欲などを彼らから感じることはとても少ない。だが、彼らはいわば極めて少数の例外で、愚連隊を美化したり反体制のヒーローと考えるのは大きな間違いである。

愚連隊とは青少年不良団を示す当時の警察用語だが、辞書での意味はともかく、ヤクザ社会では大きく分類して二つの意味で使われることが多い。一つは今でいうヤクザ予備軍、組織と密接な関係を持つ暴走族などに近いニュアンスで、ヤクザの親分たちは組に入る以前の自分を「愚連隊だった頃」と言ったりする。もう一つは伝統にとらわれない新興ギャングという意味で、ヤクザからみても無法者、乱暴者という語感が込められる。

〈もっとも西洋ギャングに近いのはグレンタイであろう。彼らは金を酒場・キャバレー・ダンスホール・劇場・レストラン・喫茶店などの場所から巻き上げる。要求が満たされない場合、暴力を使うことになんのためらいもない〉（『マッカーサーの日本』新潮社刊）

大多数の愚連隊はこうだったと思って間違いない。

だが、彼ら万年一派は特別な「愚連隊」だった。彼らの頭領格は暴力の常習者ではあるが、その目的はカネではないのである。様々な人間からトラブルの解決を依頼されても、金銭を強要することはない。特に加納にはその傾向が強く、極端な話、謝礼はゼロでもオーケーである。気をきかせた舎弟が脅し取ってきたカネを、新宿の路上にぶちまけ、「ふざけたことをするな」と一喝したことは、一度や二度ではなかった。加納の気質を利用して莫大なカネを儲けた人間も多く存在する。当然ながら、加納の社会での収支はマイナスだ。

また、万年一派は裏社会で隠然たる勢力を持っているにもかかわらず、あくまで組織化を拒み、強い個人としてヤクザ組織と対峙した。兄弟分という横のラインでグループらしきものは作ったが、その実態はとても組織とは呼べない幼稚なものである。なにしろ厳しい規律も掟もない。来る者は拒まず、去る者は追わずなのだ。ヤクザ的要素の強い刺青、指詰めは固く禁じられた。要は新しいスタイルの不良を分類する言葉がないため、便宜的に「愚連隊」と呼称されたに過ぎない。

東興業（通称安藤組）の下部は例外だが、要するに彼らの特徴は個人の暴力を使用しても、集団的な威嚇力を使わなかったことにある。集団の力を最大限に利用する暴力のプロから見れば、ただのアマチュアだ。だが、そのアマチュアがプロより強い。それが彼ら「愚連隊」万年一派だった。

闇市の伝説

普通の少年時代を送っていた加納だったが、中学生のときに友人と歩いていた近所の川縁で、当時不良高校として有名だった中野無線の生徒たちに絡まれ人生が一変する。相手は五人。一回り以上身体がでかい上に、手に竹刀やナイフ、自転車のチェーンなどを持っていた。目的はいうまでもなくカツアゲである。加納より少しばかり不良っ気の強かった友人たちは雰囲気を察し、脱兎のごとくその場から逃げ去った。わけの分からない加納だけが五人の不良高校生に囲まれた。

加納自身はそれまで自分の強さにまったく気付いていない。学校の授業で習う柔道は得意だったが、特に格闘技を学んだこともなかった。だが、「なぜだか怖くなかった」と加納は言う。体内に潜む力を薄々感じていたのかも知れない。

竹刀が振り下ろされ、ナイフが空気を引き裂いた。チェーンが背後から加納の足元をかすめる。聞き分けのない坊やには、少し痛い目にあってもらおう。凶器は確実に加納の身体を狙い間合いを縮めてくる。

次の瞬間、攻撃をかわし繰り出した加納の右ストレートがナイフを持った男の顔面にヒットした。「ゴフッ」という鈍い音を立てて、相手の身体が宙を舞った。その後「象さんパンチ」と呼ばれた鉄拳の封印が解かれた瞬間だった。相手は四散し、加納の名は一日で近所の不良の間に響きわたった。

以後、その噂を聞きつけた不良たちが、毎日のように加納に挑戦してくるようになる。だが加納は一撃で相手を倒し続けた。近隣の不良を震え上がらせたのは、加納が武器をまったく持たず常に素手で喧嘩に臨んだからだ。怪物と言われ、化け物と恐れられた。加納を知る不良たちはその名を聞くと裸足で逃げ出していったといっても大げさではない。

安藤昇と出会ったのもこの頃である。二人は急速に接近し兄弟分となった。エリアを拡げ、東京中の盛り場を徘徊した。何度も喧嘩を繰り返しながら名前を売っていく。連戦連勝だったことは言うまでもない。

喧嘩を買うのは主に加納の役目だったという。育ちのよさがにじみ出たベビーフェイスは、一見するととても不良には見えないからだ。とっぽい格好で知らない街を歩いていると、地元の不良がすぐさま網に掛かった。ときには「ニセ加納」まで加納の前に現れた。

「俺をジュクの加納と知ってのことか」

暴力をむき出しにしたごつい男が加納によく絡んできた。

「偶然だな、俺も加納っていうんだよ」

だが、相手はまさかこの優男が「ジュクのミッちゃん」だとは思わない。「上等だこっちへ来い」と啖呵を切り、空き地へ加納を案内する。次の瞬間、ニセ加納はお約束のように地面にたたきつけられた。いつものように一撃でジ・エンドだった。

戦争が始まると予科練の試験を受け合格するが、日頃の素行不良が明るみに出て合格通知は無効となってしまう。本土で兵役につくも天皇陛下から賜った銃を紛失するなど、相変わらずの不良ぶりを発揮した。通常なら厳罰は避けられないにもかかわらず、まったくの無処分。ついに出撃の機会はなく敗戦を迎える。運というと非科学的な感じがするが、強い男は強運を持っていた。予科練へ行った同級生はほとんど戦死した。

敗戦で秩序を失った日本は無政府状態となり、暴力社会も大きく様変わりを見せていた。博奕打ちは衰退し、代わりに闇市を支配したテキヤが黄金期を迎える一方で、雨後の筍のように新興勢力が台頭した。加納が瓦礫と化した新宿に戻ると、生き残った仲間たちが一人、二人と集まってくる。その一派が愚連隊加納グループ、通称「新宿愚連隊」となった。

闇市では利権を争って毎日いざこざが絶えない。発砲事件も多発し、死人も珍しくなかった。特に長い間差別され、敗戦によって解放された台湾省民や朝鮮人の不良団は先鋭化し武装化を図っており、闇市を巡ってテキヤ勢力と激しく対立する。石原都知事（当時）が使って物議を醸した「三国人」という呼称がタブーなのは、敗戦国民でも戦勝国民でもない第三のカテゴリーに属する彼らから生まれた、不良団との血塗られた歴史が背景にあるからである。

彼らは戦勝国民待遇であり、日本の警察はまったく取り締まることが出来なかった。下手に手を出せば国際問題にもなりかねない。そこで政府は自らの手を汚さず彼ら台湾省民や朝鮮人アウトローとテキヤを戦わせることで治安維持を図る。抗争終結後双方の首謀者を逮捕し、軍事裁判に送るのだ。多くの愚連隊もテキヤを支援し抗争に参加した。アウトローたちは権力に翻弄されたのである。

当時の加納も同様で、まさに闇市のトラブル解決センターといった趣があった。テキヤ、アウトローはもちろん、多くの商店主や露天商などが加納の力にすがった。国民が着るものすらなかった時代に、白いハットをかぶり、バチッとしたスーツを着込んだ加納が闇市を歩くと、サッと人混みが割れ、道が開いたという。ガキの時分にぶっ飛ばした人間たちがヤクザの親分になっていたが、幼少期の上下関係はなかなか消えない。裏社会の顔役たちも加納には手が出せなかった。第一、加納はヤクザではないから、自分たちの米櫃は荒らさない。触らぬ神に祟りなしである。

だが、日本の復興が進むと、加納の闇市での役目も終わっていった。博徒組織が息を吹き返すと、組織化したヤクザが加納たちの前に立ちはだかる。加納はこれに対峙しながら様々な企業を立ち上げ、徐々に裏社会と距離を置き始めた。

だが、加納自身の生き方は、実を言えば最後まで変わっていなかった。ただ、時代がめまぐるしく変化しただけなのである。

反逆者の論理

加納の本質は反骨精神にある。その人生はまさに反逆の歴史といっていい。

だが、加納は反発に存在価値を見いだす闇雲な反逆者ではなかった。行動の裏には常に確固たる理由が存在していたのである。裕福な家庭に生まれながら迷うことなくアウトローとして生きることを選んだのも、その後、裏社会の掟に背を向け、組織を持たない愚連隊を貫いたのも、加納が社会の矛盾や偽善を見逃すことが出来ないからで、そのため加納は必然的にどの世界のルールからもはみ出してしまったのだ。根っからのアウトロー、それが加納貢といえる。

もちろん加納の求めるアルカディア——偽善や嘘のない社会など、世界中のどこを探したってあるわけがないから、加納の人生は勝ち目のない戦いを続けていたようなものである。だが、最後まで自分を曲げなければ、勝つことはないが負けることもない。

愚連隊の帝王・加納貢は今の時代をどう見たのか？　その言葉には、おそらく、彼が人生を懸けて追い求めてきた愚連隊としての帝王学が反映されているはずである。

◇　◇　◇

——最近の不良を見ていると情けない気持ちになることがあるよ。見かけとか表面とかの話じゃない。時代が違うと言ってしまえば簡単だが、今の不良にはプライドも信念もないのが残念なんだ。だいいち、不良が人間として良にあらずとなってしまった。そんなのは人でなしで不良とは違うんだけどね。

人に迷惑をかけるのもまったく平気だし、徒党を組んで粋がってばかりいる。身近な例でいえば、昔の不良は年寄りが電車に乗ってくると当たり前のようにすぐ席を立った。ばかりか座席を占領している馬鹿がいればそいつを退かせるのが不良の役目だ。今とは全く逆だよな。

また、自分一人で何もできないことは、なによりかっこ悪いことだと俺は思う。愚連隊は当て字で、もともとは「はぐれる」という言葉が語源だったらしい。当て字で愚れて連なると書くが、遊ぶときはそうでも、喧嘩はいつも一人だった。てめえのやったことはてめえでカタを付けるから、そのかわり自由なわけだ。だからこそ、不良はヤクザの上でいられる。自分で考え、自分で行動するからね。最近はどうも下になってしまったようだが、本当に残念だ。

みんなが右っていえば自分も右、左に行けば自分も左。そういう奴は、みんなが人殺しをすれば自分も同じことをするのだろうか。かっこいいってことにもいろいろあるが、どう考えても一番かっこ悪い。たしかに集団心理は怖いものだろう。多くの人間が一方向に向かえば、そちらにどうしても流されてしまう。だが、みんながそうなったとき、それを止めるのが不良だ。クラスがまとまるため、誰かを血祭りに上げるってのは昔ながらの村社会そのままだが、普通の枠からはぐれた不良愚連隊なら、その腐った流れを止められる。今はいじめだって、みんなから阻害されないために、率先して参加する奴が多いというのだから言葉がないが、そういった馬鹿を諫めるのが不良だったんだよ。

でも、今の若い人を見てると、一方では羨ましいとも思う。動物や昆虫の世界でも、オスはメスを獲得するために必死に努力するだろ。俺たちだって女をものにするためには本当に頑張った。もちろん、硬派と軟派にははっきりとした境界線があって、こっちから媚びたりしないけど、懸命におしゃれをして、いいナリをして、かっこよく振る舞うためにたくさんのやせ我慢をした。

女だってそう簡単には落ちなかった。

最後に女を落とす武器が男気だったから、必死に男を磨いた。だから女にモテる男は男にもモテる。今は全く逆だろう。当時の不良には今でいうアイドルスターのような要素があったんだ。みんな盛り場をステージにして、毎晩必死に戦ってたよ。

今はとにかく女が簡単にやらせるようになったからね。ぱっと見さえよければ、一度か二度デートして、すぐ股を開いてしまう。そりゃあ男だって努力をしなくなるのは当然だ。俺たちの基準でみれば女が全部ズベ公になったようなものだが、男にとっちゃ楽に違いない。いや、本当に羨ましい（笑）。

でも商売に貴賤はないが、生き方に貴賤はある。簡単にやれるからといって、女に媚びちゃいけない。なにも冷たくしろって言ってるんじゃないよ。女くらいで自分を捨てるなってことだ。ホストは仕事だからいいけど、生き方がホストになっちゃいけない。だいいち、あんな男、男からはモテない。

男も女も異性にだけモテるってのはどこか歪んでることが多いんだ。歌手だって客が男ばっかりとか、女ばっかりだったら、結局スグにしぼんでしまうだろ。

女性はみんな可愛いけど、なんていうのか人それぞれ好みってもんがある。俺？　平凡な好みだよ。そうだな、やっぱり美人で乳が大きくてケツがかっこいい女かな（笑）。

昔は新宿にも遊郭（赤線・青線）があったから、俺もよく通った。やりに行くというより、寝る場所みたいな感じだった。やっぱり選ぶ女は同じようなタイプになる。一度しとねをともにして具合が悪いと、「この女の部屋には二度と上がらないでおこう」と思うんだが、根がいい加減なんで少しすると忘れちゃう。次にその店に行っても、結局同じ女を選ぶんだ。顔を見ても思い出さないが、不思議なもので部屋に入るとハッとするよ。鏡の前の小物とか、窓からの景色とかね。ヤバいって思ったときにはもう遅いけど（笑）。

でも、本当にいろいろな女がいたなぁ。

カタギの娘だけど、ワイパーに欲情するっていう変な女優もいた。雨が降ってきて、目の前でパタンパタンとワイパーが揺れるとスイッチが入る。催眠効果なんだか知らないが、「ああ、たまらない」って。こっちはおかげでやれるからいいけど、今でもなぜ彼女がそう思うのか理解は出来ない（笑）。

あそこだってほんと千差マン別だ。凄く可愛い顔して、おっぱいも大きいのに、本当にあそこが海みたいなヤツもいる。入れた瞬間「あれっ」って思うよ。こっちはどこにもぶつかっていない気がするのに、女の方は喘いでる。まさに女体の神秘だな。

喧嘩は殺し合いじゃないよ

戦後、新宿はいち早く復興を遂げた。「光は新宿から」というスローガンを掲げた東口の尾津組マーケット、安田組の西口マーケット、和田組マーケットなど多くの闇市が立ち並び、物資のない時代だが、日用品、酒、煙草、博奕、女と、新宿では金さえ出せばなんでも手に入ったといわれる。

今ではゲイタウンとして知られる新宿二丁目は、かつては東京でも有数の色街だった。昭和二十一年一月、GHQが日本政府へ公娼廃止を命令すると、公娼宿は北側が赤線区域特飲店と呼ばれる公認の売春宿、南側が青線区域非公認の売春宿に生まれ変わる。他の地域に較べると豪華な施設が多く、また美人が多いことで知られ、料金も高かったという。この情景は昭和三十二年四月の売春防止法施行まで続くことになる。

さて、新宿の戦後を見つめ続けてきた加納は、この街をどう感じたのか。

◇　◇　◇

――銀座、渋谷、池袋といろいろ遊び歩いたが、そりゃあ新宿が一番落ち着く。地元だし、なんでもあるからね。今は他の街にはほとんど出なくなった。その必要がないんだよ。

昔の新宿はよそから見るとたしかに怖いと思われてたようだけど、それは普段はバラバラなのに、いざとなったら新宿は新宿でまとまるようなところがあったからだろう。たしかに変な団結力はあったね。ヤクザも愚連隊も関係なかった。

学生のときは、新宿で遊ぶということが不良のステータスだった。腕に覚えのある不良たちは、みな新宿を目指した。俺は中学生のときにはもう新宿で遊んでいたけど、高校生や大学生の不良たちが、各地からぞくぞく新宿にやってくる。今では番長って言わないようだけど、それぞれの電車のホームに番長がいたんだよ。たとえば一番線沿線に住む不良は郊外から喧嘩を重ねながらボスを決め、最終的に新宿にたどり着く。一番強いヤツが一番線の番長になるわけ。新宿は最終決戦地ってところだな。でも、あまり強いヤツがいた記憶はない。俺たちとはあまり関係がない話だしね。

喧嘩は当時のクラブ活動みたいなもんだった。今のように遊ぶ場所もないから、街に出てエネルギーを発散させるしかなかった。もちろん相手は不良だけ。一般の学生と喧嘩することなんかないよ。不良はかっこを見ればすぐ分かる。だから不良のナリで新宿を歩いていて、喧嘩を売られても文句は言えない（笑）。

場所はそこら中にあった。今の都庁の辺りはまだ兎や狸が出たし、歌舞伎町なんて空き地だらけだ。花園神社なんて夜になれば人もいないし、いい決闘場だったな。

喧嘩は相手が「参った」と降参すればそれで終わり。もともと怨みがあるわけでないし、どっちが強いか分かればそれでいい。必要以上に相手を痛めつけることはないよ。今のように殺してしまうなんて、どうかしてるとしかいえない。たまにしか喧嘩をしないから、加減も分からないのだと思うが、喧嘩は殺し合いじゃないよ。

だから武器は絶対に持っちゃいけないんだ。たとえばナイフをポケットに入れていると、自分では使うつもりがなくとも、喧嘩になれば相手を刺してしまう。拳銃を持っていれば、どうしても撃ってみたくなる。変な魔力があるんだ、そういった武器には。だから護身用だなんていって武器を持って歩いちゃ駄目。水たまりをわざと踏んづけて歩くようになるし、喧嘩がただの喧嘩で終わらなくなる。

新宿の盛り場で大きかったのは、中央口の武蔵野館通りと要通り、路面電車を降りてすぐの場所だし、一番賑やかだったな。映画館、ダンスホール、そして美人喫茶。俺は南口の「ボタンヌ」と要通りの「エルザ」をよく使ってた。携帯電話どころか普通の電話すらない時代だから、俺に用事があるヤツは、なにかあれば真っ先にここへ来たよ。

美人喫茶はその名の通り美人が給仕する喫茶店。東京中にあったんだ。普通の喫茶よりちょっと値段は高いが、銀座と並んで新宿にはたしかに美人が多かった。もちろんただの女給だし、特別なサービスなんてないよ。そこからは自分の腕次第だ。「ボタンヌ」は一時期客がヤクザばっかりで通称「地獄谷」と呼ばれた。その頃は昼間から開いてたし軽い飯も食えたから、そこを事務所変わりにしているヤクザ者も多かった。万年会長も「白十字」が出来る前はよく使ってたな。

とにかく新宿には最先端の店や風俗があって、悪いヤツもいいヤツもみんなここに集まった。ストリップだって最初は新宿だろ。額縁の中に女性を入れてね。今の人たちから見ればどうってことないようなものだけど、当時は仰天したよ。俺？　そりゃあ観に行った。話の種にね（笑）。額縁といえば、世界堂は小さな額縁に裸の絵を入れて売り出し、それが大当たりして今のような店になった。とにかく新しい事はみな新宿から始まったんだよ。

これからもこの街を離れることはないよ。俺にとっては新宿の街が家みたいなものだから。

さらば愚連隊の帝王

加納貢――大正十五年一月十日生まれ。享年七十八。父親は某銀行の創始者。下に弟と妹。専修大学に進んだが、俗に言うテンプラ学生。やっていたのは喧嘩ばかり。武器を持たず、素手ゴロの天才と呼ばれたのは、相手を殺さず、自分が殺されないため。喧嘩の強さは伝説的で、裏社会では「愚連隊の帝王」と畏敬された。

趣味は散歩。好物はコーヒーとあんみつ。前者はアメリカン、後者は白玉が入っていればベスト。猫舌のためホットコーヒーには氷を入れるのに、アイスコーヒーはほとんど飲まなかった。晩年はもっぱら日本茶で、喫茶店とバーが大好きながら、酒とタバコは生涯口にしなかった。酒は飲んだけど不味かったから、タバコは不良のシンボルだったから。

練馬の田中屋の蕎麦は「久住呂（安藤組大幹部）は好きと言ってたが、オレは食った気がしない」とのこと。高級レストランの味を知ってるくせに、新宿で一番好きなのは三平食堂。ファストフードでも、立ち食い蕎麦でもまったく気にせず、出されたものは残さず食べる。

好きな音楽はジャズ。それも女性ボーカル。車に乗ると、サラ・ヴォーン、エラ・フィッツジェラルド、カーメン・マクレエ、ときにキャロル・スローンをかけろとうるさく言うので、いまも車には加納用CDセットが置いてある。うんちくを好まず、いいものはいいというスタンスだったが、宇多田ヒカルは「わけが分からん」との評。ロックはうるせぇと文句をたれながら、ジミ・ヘンドリックスを聴いて「これはいい」と言うのだから、やはりただのジジイではない。

いつもジャケットを羽織り、ポケットのないシャツを着なかったのは、なんでも突っ込む癖のため。軽井沢で洋服を買った際には、ポケットのでかいデニムシャツを選んだ。景品の時計を持ち歩いているくせに、コピーのロレックスを一発で見破る。ヴィトンのバッグを押入れにしまい込み、外出の際には新宿の露店で買った千円のバッグを持ち歩くから「どうしてですか？」と尋ねたところ、「オレはひねくれもんだからよ」とニヤリ。好きな言葉「無翼（無欲ではない）」。好きな本「オレはバカだから本など読まない」。しかしいつも本を持ち歩き、なぜだか『渡る世間は鬼ばかり』を欠かさず観ていた。

「今のうちに形見を下さい」と、強引にもらった品は、刺繍ネーム入りのワイシャツ、昔乗っていたルノーのキー、ベルトにくくりつけるへんてこな懐中時計、デニーズのおしぼり、砂糖。あとは方々からきた手紙、葉書、落書き、昔のヤクザの名刺多数。そのとき新宿の書店で『小説安藤組』を買ってもらい、コンピューターとシステム手帳へサインをしてくれた。手帳は今も使っているが、コンピューターは型遅れとなり、今は机のオブジェだ。

もらったのは死の二年前、新宿中央公園近くのマンションから引っ越したときである。その際、数々の借用証がみつかり、二人で面白半分に合計すると、二千四百六十万円あった。もちろん、仏の加納に金を返す人間などおらず、すべてが不良債権である。

「せめてこの金があれば、楽だったですね」

「うるせぇ、俺の金だろ、黙ってろ。いいか、お前、これは相手のあることなんだ。くだらねぇこと書くなよ」

「ええ、加納さんが死ぬまで本当のことは書きません」

いいですね、書きますよ加納さん。本当のこと。勝手に死んじゃったんだから。

ということで、加納に触れるのも最後だろうからあえて書きたいことがある。加納の本質を美辞麗句なしにいえば、「反逆者」となろう。なにしろ加納の反逆は、徹底的、妥協なしの反逆だった。表から、そして裏からもはみ出し、たった一人、生きていくことになったのは、加納の極端な性格が生み出す必然的運命だ。しかしどうにも人間くさいのは、寄り添ってくる者を、誰であっても拒まなかったことである。考えの違いがあっても友は友。頑固で、融通が利かず、さりとて友愛的なのが、一風変わった加納の反逆といっていい。

兄弟分の安藤昇とは似て非なる性格で、「安藤が炎、加納が風」と言われたり、「安藤が太陽、加納が月」などと表現されたが、なるほど最高の兄弟分だった。かっこよく生きるためには、そのツケを払わねばならない。ネットに流れる中傷は、ある部分まったくその通りだが、加納が安藤に共感し、そのうえで自分を貫いたことは分かって欲しい。

いつだったかナックルズを見せ、読者に言いたいことはなにかと訊いたことがある。

「他人の言うことなど気にせず、失敗だと思っても自分の思うままやってくれ」

連載していた人生相談にも書いたが、加納はただそう言った。

「なんだか岡本太郎みたいですね」

機嫌がよかったのか、加納はおどけて両手を差し出し、岡本太郎の物真似をした。少しも似ておらず、その姿はひどく滑稽だった。

いや、我々からすれば、加納の生涯は滑稽としか言えないものだ。現実にはあり得ない理想を、生涯をかけて追い求めたのだから、激動の昭和を生きた裏社会のドン・キホーテと呼ぶのがふさわしいだろう。現実社会ではあり得ない理想を追い求めた加納。ならば槍を抱えたままボロボロになって死ぬべきで、病院の豪華な個室で、みんなに手を取られ、お涙頂戴で死ぬなんて加納らしくないと思う。十五夜に、歌舞伎町の安宿で、一人ひっそりとのたれ死んだのだから、誠に加納らしかった。

これで加納の伝説は一切の妥協なく完結した。もう会えないのは悲しいが、加納が見事に死んで、このうえなく幸せに思う。

さようなら。加納さん。ありがとうございました。できるかどうか疑問だけど、俺もなんとかバカと呼ばれて死にたいです。

加納貢

晩年の加納氏。新宿にて筆者撮影

広島抗争

呉市の繁華街「レンガ通り」。
中央のビリヤード場前で山村
組佐々木哲彦若頭が殺された

06 実録・仁義なき戦い

——呉・広島抗争の真相

執念の手記

昭和四十年、中国新聞の暴力団追放キャンペーンが第十三回菊池寛賞を受賞した。受賞理由は「地域社会に密着する地元紙として暴力団追放を宣言、徹底した報道を続けている勇気」というものである。それを受け同年の月刊文藝春秋四月号には、当事者である中国新聞報道部記者が執筆した『暴力と戦った中国新聞——菊池寛賞に輝く新聞記者魂・勝利の記録』という記事が掲載される。この記事を読んだ札幌刑務所の看守は拘留中の服役囚・美能幸三に向かって「おい、お前のことが書いてあるぞ」と文藝春秋を手渡した。美能が懐かしさのあまり飛びついて読んだ記事には、様々な思惑が複雑に絡み合う広島抗争の経緯が短い文章でこう書かれていた。

〈神戸山口組の地方都市進出をめぐって山村組の幹部頭の地位にあった美能幸三（四〇）＝入所中＝が、他の組幹部の意向を無視して山口組と勝手にサカズキを交わした。怒った山村組長らは美能を破門、険悪な空気になった。美能は、山口組とすでに結んでいる打越会と山口組とに助けを求めたため、両派が真っ向から対立、これが亀井射殺事件に発展した〉（『月刊文藝春秋』昭和四十年四月号）

要するに美能幸三の筋や義理を欠いた日和見主義・利益第一主義の行動が、抗争の原因になったという解説である。ページを読み進むうち、美能幸三の顔面はみるみる紅潮していった。怒りに全身が震え、体内の血が逆流していく。

〈わしはこげなこと天地神明に懸けてしとりゃせん。これじゃあ洞ヶ峠ではないか〉

確かにこれでは外道だった。カタギ社会以上に面子や体面にこだわるヤクザを辱めるためには、これ以上の表現はない。美能はその日から房舎の机にかじり付き、こみあげる怒りを抑えながら、冷静に一つ一つの事件を思い出して客観的に文字を綴った。七年間に渡る執念は総計七百枚の手記として結実する。どちらの見解が正しいか、ここでは触れない。当人の言い分が常に正しいということではない。

この美能幸三の手記をもとに飯干晃一の手によって書かれたのが『仁義なき戦い』だ。連載から四十年以上の月日が経った現在でも人気は衰えず、最近でも様々な書籍が上梓されたり、映画キャラクターのフィギュアが販売されているから、内容はともかく、この秀逸なタイトルを耳にしたことのない人はいないだろう。

当時の人気はすさまじかった。週刊サンケイの読者アンケートでは常にトップの人気を誇り、印刷所ではゲラが奪い合いになったという。映像のインパクトも強烈で、次々と続編が作られ、爆発的なヒットとなった。これまでの逆説的道徳映画のようなヤクザものとはまったく違い、人間の弱さを前面に打ち出したリアリティが見るものを圧倒したのである。

実際の抗争は映画以上に凄惨である。

死者三十七名、重軽傷者六十六名を数え、二十五年という長期間に及ぶ広島抗争は県全土を巻き込んだ広域的、かつ重層的な抗争なのだ。戦後秩序が崩壊した日本列島には全国各地でアウトロー社会の再編が行われヤクザ抗争が勃発したとはいえ、これほど大規模なヤクザ抗争は他に例がない。

主戦場は呉、そして広島である。この二つは当初、別個の要因で発火している。その後、二つの抗争が合流し広域化するため非常に分かりにくく、映画『仁義なき戦い』もやたらゴチャゴチャしているが、それぞれを分類しながら広島抗争の初期段階を見ていきたい。

呉抗争

『仁義なき戦い』の第一作は呉抗争が題材である。

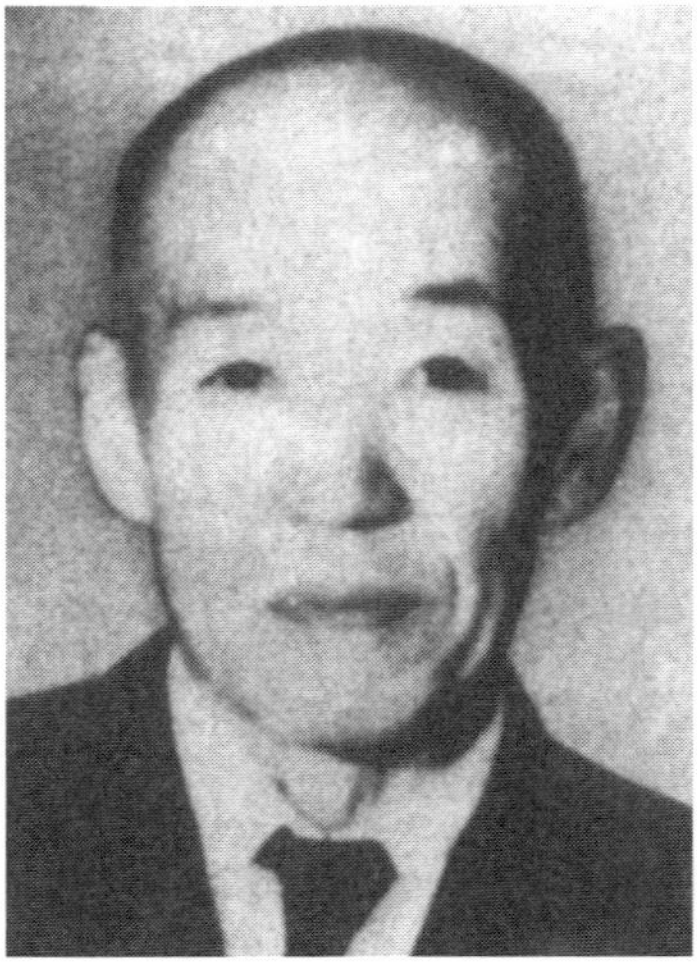

海生組・海生逸一
呉の興行界のドンとして君臨した顔役。海生組は三派連合の最大勢力であった

小原組・小原馨組長
三派連合の戦闘班。理髪店で土岡組の残党に殺害される

山村組・山村辰雄組長
空襲で大阪から帰省していた折り海生に目をつけられ、資金援助を経て土木請負業「山村組」を発足する

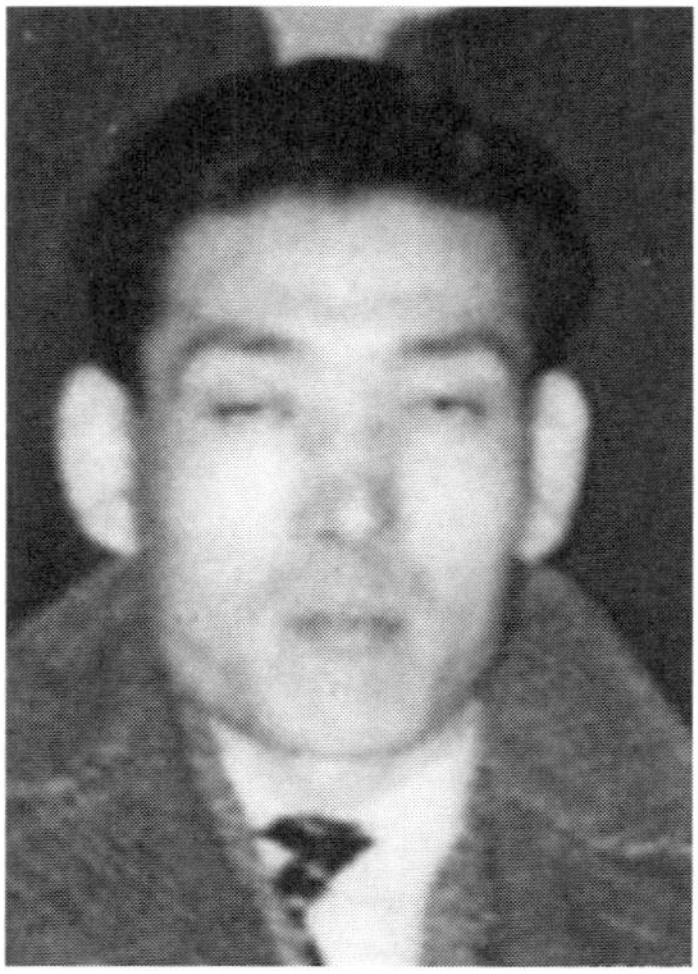

山村組・佐々木哲彦若頭
「生きていたら広島の地図が変わった」といわれるほど突出した力を持っていた

「ワレ、ボンクラの愚連隊のくせして、ここらのカスリ取ってるがの、ここは元から土居のシマじゃ」

と啖呵を切る土居清土居組組長のモデルは、土岡組土岡博。呉における地下帝国の熾烈な覇権争いは、この土岡組と海生組・山村組・小原組の三派連合との間で繰り広げられた。

戦後の呉はアウトロー天国である。

というのも海軍の一元管理の元であっという間に巨大な経済圏を形成するに至った呉は、敗戦によって絶対的な支配者を失い、一気に無政府状態に陥るのである。膨大な軍需物資が不完全な施設に山積みされていたため、全国各地から復員くずれ、チンピラ、詐欺師、窃盗団、愚連隊などが集まり、暴力事件が頻発した。

呉の復興は阿賀地区から始まった。阿賀を本拠とする戦前からの博徒組織が前述の土岡組だ。土岡組は渡辺長次郎の流れを汲む名門組織で、土岡吉雄を当代に、実弟の土岡博、正三の三兄弟が実権を握っていた。配下には殺人鬼と恐れられた悪魔のキューピーこと大西政寛、そして最後の博徒こと波谷守之らが名を連ねる。阿賀の復興事業が活性化するにつれ阿賀港に集まる博徒や不良を吸収して勢力を拡大し、「東の土岡か西の籠寅（現合田一家）」と言われるほどになった。

対する海生組・山村組・小原組の三派連合の最大勢力である海生組は、やはり戦前から続く博徒組織で、広島ガス阿賀工場の荷役業務を請け負う港湾ヤクザである。のちに土木業にまで進出、土岡組とは荷役業務の権利を巡って対立抗争を繰り返していた。海生逸一は戦後、実弟に広島ガスの権利を譲り、呉の興行界に進出したのち、多数の映画館や興行場を支配下に収め興行界のドンとして君臨する。

その海生が手足としたのが山村組と小原組だった。海生はまず山村辰雄に目を付け、仲介人を通じて資金援助を行い、昭和二十一年十月、土木請負業「山村組」を発足させると、同時に親戚筋で愚連隊の頭領だった小原馨に小原組を設立させ、前線部隊として配置した。海生が大名、山村組が旗本、小原組が戦闘班と考えれば分かりやすい。

戦闘は土岡組と小原組の間で始まった。昭和二十一年八月十四日、盆踊りの夜、土岡組土岡正三と大西政寛が小原馨を拉致し、その左腕をバッサリ一太刀で斬り落とすのである。土岡組の攻撃はあくまで威嚇で、そこには「たかが小原組」という老舗組織のプライドが露骨ににじんでいる。だが、失うもののない小原に威嚇は通じない。中途半端な攻撃は怨恨を深め、結果的に土岡組の崩壊の原因に繋がっていくのである。冒頭に抜粋した映画の台詞はこのシーンのものだ。

海生サイドがとった策は、大幹部である大西の懐柔による土岡組の揺さぶりである。大西はまんまと罠にはまり、土岡組土岡博組長殺害を計画する。そして警官隊に包囲され、銃撃戦の末に死亡した。

土岡組は一気に崩壊した。残党が理髪店で小原馨を殺害したが、それ以上の力はなかった。旗本の山村組が呉を制圧し、覇権を握る。しかし、今度は山村組内部で不穏な空気が漂い始めた。

血の連鎖

宿敵だった土岡組が崩壊し、盟友だった小原が殺された後、胸の奥底にしまい込んでいた野心を露に行動を開始したのが山村組佐々木哲彦若頭である。佐々木は、当時の呉を知るヤクザの誰からも「生きていたら広島の地図が変わった」といわれるほど突出した力を持っていた。暴力性、組織力、経済力とどれをとっても、当時の呉では佐々木の右に出るものはいない。佐々木は次々と反対派組長を殺害し、ついに最後の邪魔者を排除しようと動き出す。常に影から影へと身を寄せていたが、もはや楯は必要ない。配下を使い捨てにしたのと同様、山村組長はもう用済みだったのだ。殺してもいいが、曲がりなりにもおやじだし、まあ、引退してもらえばいいだろう。

対する山村組長も、佐々木の暗殺を計画し、様々な手を講じて対抗するが、この段階では焼け石に水だった。山村組の古株幹部である野間範男を味方につけるが、不穏な空気を察した佐々木は躊躇なく野間を殺害する。そして佐々木は広島の岡敏夫の後押しを得て、ついに本丸も占拠。昭和三十六年六月、山村組長は心ならずも引退し、山村組は解散したのである。

佐々木による呉の完全制圧はあと一歩だった。あとは盟友小原馨の小原組を制圧すればチェックメイトだ。

小原組は故・小原馨の女房である清水光子が跡目となっていた。暫定的な処置であり、あとは自分の傀儡を小原組長に据えればいい。佐々木は自分が経営する遊郭に小原組の組員を召集し、二代目組長人事を発表した。

しかし、その天下もここまでだった。佐々木は強引な人事に反発した小原組門広の一派によって殺害されてしまうのである。憎しみが憎しみを呼び、殺人が殺人を生む。呉は完全な血の連鎖に入り込んでいた。

広島抗争

暴力を信奉する以上、殺し合うのは宿命だった。なにしろそれぞれが自分たちの掟にのっとり、同じ広島駅前を棲み家としているのだ。テキヤにとっては庭場、博徒にとっては縄張り。カタギからみればどっちも勝手な理屈だが、ともに自分が正当な権利を持っていると固く信じている。その上、戦争によって裏社会の秩序が破壊され、稼業と渡世の境界線は曖昧だったから、ときにテキヤが賭場を開き、博徒が闇市を仕切るようになっていた。こうしてあり得ないはずの二元支配が生まれ、ボーダーラインを見失った両者は激しく対立する。テキヤVS博徒。これが広島抗争を泥沼化させた根本だ。

隣町の呉から北西約十五キロメートルの地点に位置する広島市には、もともと渡辺長次郎の渡辺組や近藤一家などの伝統ある老舗博徒が数多く存在する。しかし原子爆弾や空襲によって多くの顔役・親分が死亡し、戦後になると様々な新興勢力が台頭するようになった。その代表格が、渡辺長次郎の舎弟・天本菊美から盃をもらい受けた岡敏夫だった。岡は瞬く間に広島博徒社会を席巻した。

当初、岡を後押ししたのは警察である。広島駅で鉄道貨物を狙った列車強盗が頻発したため、無力な警察は天本一家に広島駅の警備を委託したのだ。その警備隊長に就任したのが岡で、岡は報酬として賭場開帳の黙認をとりつけることに成功した。権力のお墨付きを手に岡は堂々と広島駅前に賭場を開いた。

だがコロコロ態度の変わる警察が、いつまでも黙認を続けるとは考えにくい。最終的には中華人に対して捜査権の及ばなかったことを利用し、賭場をそのまま華僑連盟役員・張水木の名義にして、屋上に晴天白日旗を掲げる。このため白昼から公然と賭場を開帳しても、占領下にある日本の警察は踏み込むことすら出来ない。こうして岡道場は市内で最も多くの賭客を集めるまでに成長するのだ。昭和二十一、二年には月に百万円を越える寺銭（賭場開帳により得られる手数料）を上げていたというから、ちんけな賭場とは比較にならない大きさである。

岡はもともと船員で、あか抜けたセンスと風貌を持っていたと言われる。金と力はないはずの色男が潤沢な資金とクソ度胸を持っていたのだから、老若男女問わず人間が集まったのも当然かもしれない。広島駅警備隊長は、やがて周辺の顔役的存在となり、多数の子分を従えた。

その同じ場所を庭場としていたのがテキヤの村上組だ。村上組は廃墟となった広島駅前にいち早く闇市を開設し、個人営業が基本の露天商人を束ねることで急成長した。また近隣の商店や飲食店から用心棒代名義で金を集め、じわじわと勢力を拡大する。

もともと神農会秋月一家系列で紛れもないテキヤだが、実態は現代暴力団に近く、伝統的な神農界の枠に収まらなかった。ブラックマーケット内部や、道路出店などを支配し、ショバ代、ゴミ銭などで法外な利益を上げるかたわら、土建業に進出するなど経済ヤクザとしての先進性をも持っていたのである。なにより、博奕すら常習としていたのだから、すでにテキヤの範疇を超えた進化形といっていい。寅さんとは似て非なる存在である。

博徒とテキヤ

博徒・岡組とテキヤ・村上組はまさに目と鼻の先に事務所を構え、日常的に一触即発の空気が流れていた。映画では『仁義なき戦い・広島死闘篇』がこの抗争を題材にしたもので、岡組は村岡組、村上組は大友連合会として描かれている。

一般的にいえば、テキヤはあくまで露店を生活の糧とした商売人である。額に汗して働く立派な労働者なのだ。どうしても暴力的に劣勢となりがちで、実際、一部の例外を除き（中には突出した武闘派も存在する）、喧嘩では博徒に一歩引けを取ることが多い。そのため村上組は対岡組の戦闘部隊として暴力専従班を作り上げた。この行動隊長が村上正明だ。彼は親分の実子としては珍しく、本物の突破者だった。まるで愚連隊そのもので、いつも抗争の中心人物だった。

最初の攻撃もこの村上正明が仕掛けた。睨み合いが続く中、テキヤの大親分から「博徒から地盤を食い荒らされた」と非難されたため、決死隊を組織して岡道場に乗り込むのである。村上は岡に馬乗りとなって、拳銃を発射しようとした。しかし岡組の若い衆に阻止され、目的を果たさぬまま逃走する。

親分が無事だったからといって許されることではなかった。つぶされた面子のため、きっちり仕返しをしなければならない。岡組幹部である網野光三郎と原田昭三が村上の隠れ家を強襲する。不在だったため村上組組員を神社に連れ出し、決闘の末射殺した。

単発的な喧嘩ならこの辺りで仲裁が入り、まあまあ、ということになるところだ。だが、この喧嘩は必然的と言ってよく、どちらかがこの地を去るまで終わらない。

岡組は村上組の殴り込みを警戒し、毎夜道具を持った戦闘部隊が待機していた。予想通りだった。

ある夜、「パリン」という音がして、岡道場のガラスが割られると、村上組の行動隊が殴り込んできたのだ。場内は一気にパニック状態になる。敵味方入り乱れて乱闘が始まった。どちらも脅しではなくマジで殺すつもりだから、部屋に充満する殺気がすさまじい。

このとき岡組の戦闘班にいたのが、殺人鬼と呼ばれた山上光治だった。無断で露店を開き、村上組に瀕死の重傷を負わされた山上は、岡に拾われ、そのまま岡組組員になっていたのだ。復讐の鬼と化した山上は村上組組員が持つ拳銃を奪い、ためらいなく射殺した。喧嘩での士気はその場の雰囲気だ。村上組組員たちに動揺が走り、彼らは死体を置き去りにして逃走した。

このとき山上には巡査殺しの過去があった。無期懲役を絶食で執行停止とし、病院から脱走していたのである。にもかかわらず、再び殺人を犯したのだから、今度は極刑も考えられた。ならば絞首台で殺されるより、出来る限り村上組のヤツらを道連れにしよう。こうして山上は殺人マシーンに変貌した。

山上はすぐに村上組幹部の拠点を襲った。しかし留守だったため、

「代わりに死ねや」

と配下を射殺する。このとき命拾いをした幹部も、結局三年半後に射殺されるのだが……。

警察は手負いの獣を必死になって捜索した。ついに山上を包囲。しかし山上は自ら拳銃をくわ

え自決するのだ。

新たな火種

度重なる抗争は数多くのヤクザたちの命を奪い、大きな社会問題だった。昭和二十四年九月、団体等規制令が発布されると、両組織は財産を没収された後、強制的に解散となる。同時に長い間続いた抗争も和解となり、広島に平和が訪れた。

だが、講和条約発効とともに団体等規制令が廃止されると、再びヤクザたちが街を闊歩し、すぐに岡組も村上組も再建された。状況はなにも変わっていないのだから、これですべては振り出しだ。

今度の抗争はオープンしたばかりの広島競輪場の利権を巡り勃発する。酒場でのいざこざから村上組組員が岡組組員を刺したことによって、偶発的な喧嘩が一気に火薬庫に火を付け、両者は再び激しい抗争に突入していくのである。

一気にカタを付けよう――岡組は敵の中心人物である村上正明に刺客を向けた。理髪店で腹部を撃たれ、村上はそのまま昏倒したが、幸運にも命は取り留めている。無事とはいえ村上組の劣勢は目に見えていた。チンピラを一人二人殺しても状況は変わらない。

そのため村上組は途方もない捨て身の攻撃を開始する。なんと本拠を引き払い、数件のアジトを確保すると、露店の経済班を残して一斉に地下に潜ったのだ。

「岡組を皆殺しにする！」

これが村上組組員の決意だった。ロマンや面子より確実な殺人。必殺を期すため正面突破を避け、執拗に尾行してチャンスを待ち、一人になったところを路上で殺すというゲリラ戦法だ。

ここからはまさに血で血を洗う惨劇のオンパレードで、昭和二十七年十一月から二十八年一月までのわずか三カ月の間に十五件以上の殺傷事件が勃発したほどだった。宿命的な対立はとどまるところを知らない。撃たれ撃ち返し、殺し殺されという殺しの連鎖だ。

あまりの激しさに、一旦は岡組が手に入れた競輪場の利権を白紙撤回する案も浮上した。しかし、実態はフィルターを一枚通しただけであり、なにも変わっていなかったため、村上組は再び激昂した。

〈今度は親分の岡を殺る！〉

今のヤクザ社会とは違い、当時、特に広島には「どうせ殺すならトップを」という考えが根強い。安全地帯に陣取り、将棋の駒のように子分を動かす今の抗争とは違って、親分の死亡率が高いのである。だが、気配を察した岡組は岡に厳重な警備をつけていた。ならば次のターゲットは幹部である。

こうして村上組は情婦と密会中の岡組幹部、高橋国穂を射殺する。なにも賛美するわけではないが、隣にいた裸の女にはかすり傷ひとつない見事な襲撃だった。平気でカタギを巻き添えにする現代ヤクザの刺客とは、根性も信念もまったく違うということだろう。

こうなるとお互い意地の張り合いだった。街で鉢合わせになれば銃撃戦が始まる。この異常事態に警察は徹底取り締まりを開始した。だが、喧嘩両成敗ではなく、検挙されるのは村上組ばかりである。これは岡組が権力にがっちり食い込んでいたためで、まさに政治の勝利だった。村上三次、村上正明も逮捕され、組員は四散。こうして村上組は有名無実化する。

十一名の犠牲者を出し抗争は終結、岡組は広島の覇者となった。もはや広島に火種はなかった。だが、岡組長が突然引退を表明し、後継者に呉の山村組山村辰雄組長を指名したことによって、新たな火種が生まれる。広島と呉の個別な抗争が、一気に両市をまたいだ広域的な抗争に発展するのである。

代理戦争

これ以上ない強運の持ち主だった。

目の上のたんこぶである土岡組は自壊し、造反して引退を迫ってきた佐々木哲彦若頭は殺され、今また広島最大勢力の跡目が転がり込んできたのである。自身はなにもしていないのに、先々で扉が自動ドアのようにオープンする。苦労しても貧乏くじばかり引く人間がいるかと思えば、山村組長のように大事な場面でぼた餅が落っこちてくる人間もいるのだ。成せば成るなど大嘘。世の中はまったく不公平である。

いまや呉を制した山村組は岡組を糾合、一挙に両市をまたいだ二百二十人の大組織となった。以降、山村組は広島の打越会と熾烈な抗争を繰り広げることとなる。両組織とも抗争の過程で県外の大組織をバックに付けたため、この抗争は俗に代理戦争と呼ばれた。映画『仁義なき戦い』では第三作目、タイトルもそのまま『代理戦争』である。

悲劇の引き金を引いたのは岡組岡敏夫だった。戦後の広島暴力社会に君臨した帝王は、昭和三十七年五月、侠道一代限りとの声明を発表し、引退を表明したのである。病のため組員の面倒を見ることが出来ず、息子の学業に支障があるというのが表面上の理由だ。実際のところは本人しか分からないが、広島という気性の荒い地域では抗争になると容赦なくトップが標的となり、親分の死亡率が高い。裏社会で充分な資金を得たため、これ以上リスクを犯す必要がないと判断したのかもしれない。

通常、跡目は組内の若者に譲られる。しかし、力の拮抗する幹部たちが互いに憎しみ合うのを恐れたのか、岡組長は第三者に組織をまるごと渡す決意を固めた。

第一候補は同じ広島の打越組打越信夫組長である。岡組長の舎弟であり、岡組とは非常に親密な間柄だ。地元広島生まれで、戦後は兵役で身につけた運転技術をもとに運送会社を設立、ヤミ物資運搬をきっかけにヤクザ社会に足を踏み入れた。一方で広島市西部の己斐駅前の闇市を根城とし、岡組と提携しながら賭場を開帳、莫大な利益を上げた。

打越組長は九分九厘、跡目は自分のものだとほくそ笑んでいたという。なにしろ賭場が好調なのに加え、戦後始めた運送業はいまや実兄のタクシー会社を吸収して成長、舎弟の中では抜群の資金力を誇っていたし、組員数も約八十名と群を抜いているのだ。

引退が現実味を帯びた話になると、打越組長は狂喜した。ばかりかその皮算用を手みやげに、暴力社会でよりいっそうの勢力拡大を成し遂げようと、神戸の三代目山口組に接近、山菱の代紋を手に入れようと画策する。

「ワシは岡組の跡目をもらいますけん、そうしたら田岡親分の舎弟にしてつかあさい」

全国侵攻をもくろむ山口組にとっても、渡りに船である密約が交わされ、打越組の発展は約束されたかに見えた。しかし、これを聞きつけた岡組長は激怒、急激に親しい間柄となった山村組長と同調しながら激しい抗議を行った。打越はやむなく盃を延期、しかし、岡は打越を見限り、跡目を山村組長に譲ったのである。

その理由は定かではないが、独立独歩の気風を尊ぶ岡組長があくまで広島のことは広島で、と考えていたこと。また、岡組の勢力範囲内で賭場を開いていた打越組長が既定のテラを納めなかったことなどが挙げられる。どちらにしても、打越組長の軽率、かつ短絡的な行動が逆鱗に触れたと考えてよかった。地団駄を踏んで悔しがったというが、身から出た錆なのだ。

同時にこの逆転劇の背景には、野心に燃える山村組長が岡組に盛んな資金援助をしたからだともいわれる。水面下での裏工作は山村組長の十八番なのだ。狡猾ともいえるが、そのことは本来、なんら非難されるべきことではない。ヤクザの世界はなんでもあり、綺麗とか汚いなどという価値観でヤクザ社会を見るなど、おとぎ話のような任侠映画の見過ぎである。

勢いに乗じた山村組長は山口県光市で起きた岩本組対浜部組の抗争において不手際があったと打越組長を詰問、一気に敵対勢力の力を削ごうとたくらんだ。しかし、山口組の援護射撃によって、この計画は頓挫。結局、打越組の山口組入りを後押しした形となる。こうして昭和三十七年九月、打越組長は山口組田岡一雄組長の六十一番目の舎弟となり、広島に山菱の代紋が生まれたのである。

山口組入り後、襟元のバッチを輝かせ打越組は打越会へと名称変更した。だが、この動きが広島に暴風雨を呼ぶ。山口組の脅威に対抗するため、山村組が山口組最大のライバルである本多会と盃を結び、親戚組織となるのである。ここに代理戦争の構図が完成した。広島に一触即発の緊張感が漂った。

お互い大組織をバックに付け、両者は動くに動けない膠着状態となった。戦後すぐの頃ならともかく、これほどまでに大きくなった組織同士の抗争には大義名分がいる。実際はイチャモンに過ぎなくとも、相手を殺す正当な理由が不可欠なのだ。実際は組織を大きくしたからとか、シノギで相手が邪魔だからという理由であっても、それを表面に掲げることは出来ない。この辺りはアウトローの中でも日本特有の価値観であり、社会と完全に敵対して存在し得ないヤクザのきわめて日本的な部分である。現在もヤクザは表面上麻薬撲滅を掲げながらシャブを売る。任侠団体の看板で恐喝する。本音と建て前。ダブルスタンダードの社会構造はアウトローまで感化しているのだ。

錦の御旗を得るため、両者の駆け引きはきわめて政治的だった。使われたのはヤクザの基本である疑似血縁制度――盃だ。

ヤクザだって家族がいる。たとえば打越会組員の親戚縁者・一族郎党すべてが山村組と無関係なわけではない。たとえば兄妹が、親戚が相手組織の経営する会社に就職していることだってある。両者はそういった人間たちを生け贄に選び出し、八つ裂きにすることで相手を挑発、先制攻撃を誘ったのだ。どんな理由があろうと、殴られれば仕返しが出来る。たとえ指を折られた報復に殺してしまってもそれはその場の過ちであり、「たしかにやり過ぎたが、原因を作ったのはあっちだ」と、逃げ口上になるのだ。

打越会では義弟が山村組経営のキャバレー「パレス」で働く山口英弘が、山村組では組織の都合より筋を重んじる美能幸三がスケープゴートになった。いわれのない絶縁合戦が繰り広げられ、小さな諍いが組織間の抗争に発展していくのである。

山村組と打越会は激しく対立したが、このときの抗争は配下の圧力が限界点を超え、暴発したものが主であった。戦いには一貫性がなく、トップは常にフラフラしていた。親分の腰が定まらないから、トドメを刺すことも、和解することも出来ない。広島は山村、打越両組長の迷走に付き合わされ、だらだらと散発的な殺し合いが続けられたのである。

山村組山村組長と打越会打越信夫組長は、濃縮された人間性の権化だった。ある意味とても人間くさい彼らの欲望と短絡的な発想が、広島を際限なく歪めていったのだ。広島抗争が泥沼化したのは広島ヤクザの気質など様々な理由があるが、この二人の存在が大きく影響していることは否めない。『仁義なき戦い』が「つまらん連中が上に立ったから、下の者が苦労し、流血を重ねたのである」という言葉で結ばれているように、美能はトップの器量のなさが広島裏社会を混乱に陥れたと結んでいる。

07 大西政寛

――ベビーフェイスの悪魔

危険人物

予測するのは不可能だった。

この男には危険な匂いがまったくないのだ。腕に覚えのある強者ほど、このトラップにはまる。勝ち目のある人間をターゲットにするのは、喧嘩師の経験則だからである。

いったい何人のチンピラ、愚連隊、ヤクザがこの罠にはまり、踏みつぶされたことか。華奢な体躯にベビーフェイス。声色も優しく、物腰もまた静かだった。笑うとなんともいえない親しみがあって、まるで純粋無垢な子供のようにも見えた。だから、なにも知らないチンピラにとっては恰好のカモにしか見えない。知らぬが仏とはまさにこのことだ。

「兄ちゃんよう、どこ行くんかのう」

ニヤニヤ笑いながら、坊やを取り囲み声をかけた。その瞬間、穏やかな菩薩が阿修羅へと変わった。

「いまなんて言ったんない」

眉間にしわが寄り、目尻がピクピクと痙攣した。さっきとはまるで別人の形相で、チンピラたちにも動揺が走った。「おやっ」とレーダーが反応する。しかしもう遅い。こうなれば誰もこの男を止めることはできないのだ。

無知は自分の血で贖う。それが暴力社会のルールである。まともな会話を交わす間もなく、チンピラたちは血の海に沈んだ。何事もなかったように阿修羅は菩薩へと戻った。

いつしか、この危険人物は「悪魔のキューピー」と呼ばれるようになった。彼の名は大西政寛。戦後の広島・呉でもっともヤバいといわれたヤクザである。

暴力を信奉するヤクザ社会では、見るからにらしい人間はそうヤバくなかったりする。抗争の際、たった一人で敵の事務所に乗り込んでいくような強者は、きまって普段大人しく物静かな若い衆だ。また暴力的な伝説を持つ親分たちをみても、体型に恵まれた人物はほとんどいない。命を懸けた殺し合いは、決められたルールの中で戦う格闘技とは似て非なるもの。勝負の明暗を分けるのは、腕力ではなく胆力なのである。

戦争で磨かれた凶暴性

大西はヤクザになる以前から凶暴だった。

高等小学校では教師を文鎮で殴りつけ、即日退学処分。職人となってからも、多くの暴力事件を起こしている。なかでも十六歳のときに呉・広の食堂で起こした事件は地元の不良たちを震撼させた。軍人と諍いとなった大西は刺身包丁で腹部を刺したのち、相手の耳をそぎ落としたのだ。

ヤクザ組織の入社人事はカタギの会社の基準を百八十度ひっくり返したものだ。過去の事件は、それが暴力的であればあるほど輝かしい経歴になる。大西はこの事件であっという間にシード選手となった。ドラフト会議では常に一位指名であり、彼を欲しがる組織はいくらでもあった。

大西を獲得したのは、呉の土岡組である。歴史は浅いが、中国地方の博徒社会では「西の籠寅(現合田一家)か東の土岡」といわれ、大西が進むには順当な進路といえた。しかし、日本は戦争に突入、大西もまた中国戦線に送られ、大物ルーキーの活躍はしばらくお預けとなった。

戦争はこのルーキーをさらに磨き上げたといってよかった。一説によれば、大西が斬り捨てた敵兵は二桁を軽く超すと言われる。殺人を正当化する戦場という異常な空間が、大西の凶暴性を加速させたのだ。

処刑も決まって大西の役目だった。嫌な役目を仲間にさせたくないという大西流の思いやりである。

捕虜は迫り来る死を悟り必死に抵抗した。

「ええか、苦しまんよう一発であの世に送ってやるけん」

言葉など分かるはずもないが、大西は必ずそう声をかけ、それを合図に日本刀を振り下ろした。捕虜の首が飛び、大動脈から噴水のように血しぶきが噴出した姿を見て、大西の心に無常観と生命の軽視が生まれていった。殺してもなにも感じない。まさに異常な心理である。

殺戮を繰り返したベトナムの帰還兵が心の病を認められるなら、大西とて同様だった。ただこの時代にはセラピーなどという気の利いた言葉も、トラウマという概念もない。原因は省みられず、大西は殺人鬼と片づけられただけだ。

復員後、土岡組に戻った大西はその凶暴性を存分に発揮した。他者の命も、そして自分自身の命も鴻毛の軽き。人の命などまるで虫と同じ感覚だから、死にたくなければ逃げるしかなかった。抜けば刺す。構えれば撃つ。そこには駆け引きもブラフもまったくないのである。ときに無鉄砲な人間が勝負を挑めば、その度にひどく凶暴なやり方で徹底的に打ち据えた。映画館の警護で行った不良狩りでは、同じ土岡組の人間すらその残忍性に肝を冷やした。

大西が土岡組の前線指揮官となったのは当然だった。当時の呉では、土岡組と小原組・山村組・海生組の三派連合が裏社会の覇権を巡って激しく対立している。中でも小原組は海生組の援助を受け意気軒昂であり、同じ阿賀を本拠として、なにかと目障りな存在だ。さなぎは羽化する

大西政寛

風貌と暴力性のギャップから「悪魔のキューピー」と恐れられた

前に駆除してしまえば労力も少ない。先制攻撃は大西が仕掛けた。

昭和二十一年八月十四日、盆踊りの夜、「行くど」と叫んだ大西は土岡組の土岡正三親分とともに、祭りの雑踏に飛び出していった。祭りは不良のステージだ。肩で風を切って歩く小原組親分小原馨はすぐに見つかった。裏の畑に連行し威圧するが、小原はそれぐらいでビビる相手ではない。

「馨、観念せいや」

大西は処刑される捕虜に引導するがごとくそうつぶやくと、ためらいなく日本刀を振り下ろした。小原の左腕は根本から切断され、地面で芋虫のようにのたうった。さらに小原の舎弟磯本隆行が急を知って駆け付けると、大西は磯本の右腕を切り落とした。このくらいやらなければ、呉のヤクザ社会では脅しにならないのである。

破滅への道

小原組に加えられた攻撃に震撼した三派連合は、大西との直接対決を避け、懐柔作戦へと切り替えた。大西は感情の起伏が激しく、激昂すると自己コントロールが不完全となるが、激情家の常で多感で情にほだされやすい。籠絡するのは、おそらくさほど難しいことではないし、その後大西が激昂するツボをうまく押せば、土岡組に対してキレるだろう。こうなればなにより強い味方であり、そのうえビッグネームの離反は、土岡組に大きなダメージを与える。

だが、大西には致命的な欠点があった。『仁義なき戦い』中にもそれを髣髴《ほうふつ》させる言葉がある。

「もし警官が来たら、かまわん、撃ち殺せ！」

邪魔者は暴力で排除する。大西にとって、相手がたとえ警官であってもそのスタンスは変わらないのだ。これではまるで誰彼なく噛み付く狂犬と変わらなかった。ヤクザの暴力行為は後の清算を考え十分な計算がなされるが、大西にはそれができない。だから大西はヤクザとしても不適格者であり、正式な組織の人間とするのは大きなリスクが伴うのだ。

土岡博を殺害させ、あとは使い捨てる。それがベストのシナリオだ。やられたらやり返すのがヤクザの論理だが、腕をもぎ取られた小原には沈黙してもらうしかない。

懐柔は世故に長けた山村組山村辰雄組長が担当した。山村組長は大西が土岡正三と賭場の上がりで揉めていることを聞くと、すぐさま接触を開始する。心の隙にうまくつけ込んでいく。他人の女を奪うやり方と同じである。

大西は見事にこの落とし穴にはまった。小原組の内紛を助け、殺人の手助けすら行ったのだから、三派連合は見事な役者だ。死と隣り合わせた瞬間に居合わせると、人間の親密度は急激に深まる。この時点で大西はもはや、心情的には土岡組の人間ではなかったかもしれない。

将を射んとせばまず馬から。山村組長は女房同士を仲良くさせ、それをきっかけに大西の面倒をみるようになった。ほどなくして山村組長は大西の陥落に成功。二人は土岡組長の暗殺を謀議する。実行犯として白羽の矢が立ったのは山村組の美能幸三、言わずと知れた『仁義なき戦い』の主人公である。美能はたった一人の兄貴分に実行犯をやらすわけにはいかないと実行犯を買ってでたのである。

昭和二十四年九月二十七日、大西愛用の三十二口径モーゼル拳銃を手渡された美能幸三は、広島市猿候橋の路上で土岡博と河面清志を襲撃した。病院に運ばれた土岡博は意識不明の重体となったが命は取り留めた。失敗だが、これ以上大西に関わればなにをしでかすか分からない。三派連合はもはや大西に見切りをつけた。黒い空気が呉に流れた。

昭和二十五年一月四日、妻と一緒に呉の本通りを歩いていた大西は、些細なことから人夫と喧嘩になった。いくつもの指名手配を受けていた自覚からさすがの大西にも自制心が働いたが、人夫が大西と名乗ったことで起爆装置にスイッチが入った。

「わしの名を騙るんかい」

大西は人夫を神社に呼び出し、迷うことなく後頭部を撃ち抜いた。たまたま同姓だったことが双方の悲劇だった。

警察は威信を懸けて殺人鬼の捜索に乗り出した。匿名の電話で山村組顧問の岩城宅に潜伏しているとの情報をつかみ、大捜査網が敷かれた。午前三時、警察は一気に岩城宅に突入、大西の姿を探した。

そのうち一人の警部が盛り上がった布団を見つけた。おそるおそるゆっくり剥いだ。

「死ねや」

静寂に不気味な声が響く。銃口がまばゆい光を放った。さらに引き金を引こうとする大西。逮捕は無理と判断した警察は大西を射殺した。

いったい誰がチンコロしたのか——それは謎ということにしておこう。ただ、その後大西の実母が山村組長と談判し、莫大な金を手にしたことだけは記しておきたい。

08 山上光治

復讐の殺人鬼

ヤツはいつでもキレていた

見るからにヤバい男だった。

血走った目はまるで野獣のそれである。それも血の味を知っている手負いの眼光だ。睨みつけられると誰もがひるんだ。むき出しの狂気が相手を瞬時に凍らせた。

大半の場合、ヤクザ同士の掛け合いはあくまで舌戦であり、言葉の応酬に過ぎない。これまでの過去と全身から発する気迫が、「殺すぞ」という言葉にどれだけのリアリティを持たせられるかの勝負である。だからいくらぶつかり合っても、本気の喧嘩になることは希なのだ。毎度殺し合いをしていたら、身体がいくつあっても足りないからである。

それはある意味、ヤクザ社会のお約束と言っていい。だが、手負いの野獣に予定調和など無意味なことだった。どんな些細なことでも毎回殺すか殺されるかの勝負になる。掛け合いの理論などまったく通じなかった。

「撃てるもんなら撃ってみいや」

そうヤマを返せば、ヤツは躊躇なくトリガーを引いた。どんな場所でもどんな相手でも、その行動には微塵の変化もないのだ。言葉と引き換えに自分の脳漿《のうしょう》が飛び散ることは確実だから、とてもじゃないが迂闊なことは言えなかった。狂気の人間とまともにぶつかったら、馬鹿をみるだけである。

「何かあったらキレるのではない。ヤツはいつでもキレていた」

古老の見解は的確だったかもしれない。狂気を売り物に一般社会に寄生するヤクザ。そのヤクザに狂っていると言わしめた野獣。それが広島の山上光治である。ついた異名は殺人鬼。実際、この男の喧嘩はヤクザと次元の違う場所にあり、不謹慎な言い方だが対立組織の組員をバンバン撃ってバンバン殺した。鬼畜同然の不名誉な称号も、足跡からすれば当然だったのだ。

十九歳の人殺し

性善説を支持するわけではないが、生まれたときから凶暴な人間などいない。山上とて、育った時代と環境が違えば、まったく別の生き方をしていただろう。もちろん仮定の話は不毛である。

しかしそう思わざるを得ないほど、山上の人生は不遇だった。今風にトラウマという言葉を使えば、グレる要素も異常性格者になる要因も多分にあった。近頃のガキがなんだかんだと精神的ストレスを理由に病気になることを考えれば、山上が殺人鬼になったことなど、ごく当たり前のことである。

最初の殺人は十九歳のときだ。

遊びに出た広島で突発的な喧嘩となり、持っていたナイフで思わず相手を刺してしまうのである。思わず刺した、などという表現はたいそうおかしなものに感じるが、まさに山上にとっては不意の出来事だった。窮鼠猫を噛む。そういった表現がピタリとはまる。だいいち、強い人間はこんな無様な喧嘩のやり方などしない。というより、ヤクザになる人間は根本的に弱いのだ。弱い自覚が集団化を促進させ、暴力の衝動を生む。現在も強い組織は、実を言えば弱い人間が集まっているから強い。これは気の利いた逆説などとは違う。歴とした事実である。たとえば強い人間なら我慢出来ることでも、弱い人間の集団は強烈な復讐心を作り上げる。相手が強い人間なら謝って済むことでも、弱い人間には通じない。それが最終的に組織の力を生む。

後年の「わしがヤクザになったんは復讐したいヤツがおるからじゃ」という山上の言葉は、彼の鬱積する感情を端的に表している。思考経路としては典型的なコンプレックス型、もっともヤクザらしいパターンだ。

裁判では傷害致死、求刑は二年だった。いくら刑の安かった当時とはいえ、あまりに軽い処分だった。山上に殺意のなかったことは、誰が見ても明らかだったのかもしれない。刑務所はたらい回しだったという。広島刑務所を皮切りに、九州や北海道を転々とした。最終的には函館から仮出獄、そうしてすぐさま徴兵である。鳥取陸軍入隊後、高知で復員。そうして昭和二十年の秋には広島駅の猿猴橋口の闇市に辿り着く。

ここで山上は洋モク売りを始めた。独自の入手ルートを持っていたようで、商売は繁盛した。しかし、闇市で商売をするためには、地のテキヤに挨拶をするのが鉄則である。もちろん一定の金も落とさねばならない。山上の露店はいわば無許可である。

テキヤの身勝手な理論で言えば、正当な違反者——ショバ荒らしだ。こういった輩を徹底的に痛めつけるのが暴力社会の筋である。もともといわれのない金を勝手な理屈で巻き上げているのだ。例外を認めずシメなければ示しがつかない。村上組は周到に待ち伏せし、徹底的に山上をフクロにした。もちろん一方的なリンチだった。血みどろとなった山上は、闇市の路上に這いつくばった。

だがそれでも身体が快復すると再び無断で商売をしたというのだから、よほどの根性者か救いようのない馬鹿のどちらかである。もちろん村上組は再び躍起になって山上を追った。痛い目を見ても分からないなら、殺すしかなかった。村上組の戦闘隊長である村上正明らは、山上を捕えていっそう凄惨なリンチを加えた。

登山用のピッケルで脳天をかち割られたというから、脅しではない。山上は頭から噴水のように血を吹き出しながら昏倒する。最期の瞬間は近い。人間の死などあっけないものだ。

しかし、そこにトドメを制する声が響いた。主は岡組岡敏夫組長である。岡が山上を助けたのは、単なる気まぐれだったのかもしれない。しかし岡組にとっては、何の苦労もなしに対立する村上組への最終兵器を手にしたも同じだった。岡組は生死の境を彷徨っている山上をもらい受け、手厚く看病した。一時は危篤状態だったというから、息を吹き返したのは奇跡だった。身体の快復に比例して、山上の心に復讐心が芽生えてくる。まさに岡組にとっては思うつぼだ。

逃走の果てに

義理や人情を利用して人柱を作り上げるのはヤクザの常套手段である。助けてもらった恩義に報いるため、山上は再び殺人を犯す。殺されたのは警官だった。山上が岡の依頼で護衛を引き受けた窃盗団が警察に補捉され、主犯を逃がすためにためらいなく射殺したのである。その後、山上は十日ほど逃亡を続け、岡に護衛の不履行を詫びたのち警察に出頭した。警官殺しは罪が重い。判決は無期懲役である。

山上光治

これで山上のヤクザ生命も潰えたはずだった。だが、時代がそれを許さない。復讐心はメラメラと燃えたままで、恩人である岡への恩返しも未だ為しえぬままだ。その上シャバで恋人の結婚話が進んでいると聞き、山上は途方もない手段で脱出を図る。

「ジギリ」と呼ばれるそれは、半死人となり、生死の境を彷徨うことによって塀の外へ飛び出す手法だ。一か八かの賭けであり、そのまま死んだ人間も多い。山上が採った方法は断食だった。一般的に六週間の断食は死と判断される。山上の断食期間は四十七日というから、生きているのが不思議だった。こうして仮死状態となった山上は、岡の手回しもあって、まんまと無期懲役をチャラにする。今ではあり得ないことだが、当時はこういう荒技が通用したのである。

とはいえ、復活は容易ではなかった。容態を見た医者は瞬時に匙を投げたほどなのだ。しかし、再び山上は復活する。奇跡が二度起きたのだから、やはり山上の足跡は運命だったのだろう。

岡組と村上組の対立は激化していた。村上組は形勢不利と見るや、一気に岡組長暗殺に走る。だが銃弾はターゲットである岡組長を貫くことなく、壁に穴を開けた。山上はこの事件で怒り狂い、復讐の鬼と化した。二丁拳銃の射撃訓練を繰り返し、広島を徘徊した。

獲物はまるでアリ地獄にはまりこむように、山上の前に現れた。たまたま岡の賭場で飯を食っていると、酔っぱらって気の大きくなった村上組幹部が玄関先を叩き、「岡はおるか」と啖呵を切ったのである。

包囲されたお尋ね者

山上ピストル自殺

風呂釜を血に染めて

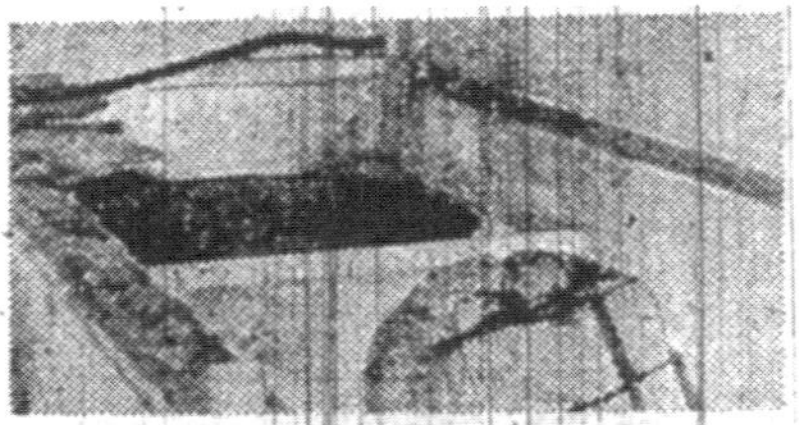

捜査網潜る五ケ月

紙面に踊る殺人鬼の最期（中国新聞／昭和23年3月25日）

「うちの親分を呼び捨てにするんは誰か」

相手は酒のおかげで山上の狂気に気付かないようだった。これほど不用意なのだから、ヤクザの理論からすれば殺されたのは当然だ。

山上は相手が腹巻きに手を入れると、すぐに拳銃を発射した。もちろん急所は外さない。相手は即死、これで三人目である。もちろん捕まればシャバには出られない。

山上は逃走を決意した。

一人殺すのも二人殺すのも同じだ、というのはあくまで啖呵でしかない。乱暴に言えば、二人で無期、三人で死刑。その後の境遇はまったく違う。山上にそれが分からぬはずがなかった。それでも山上はさらに二人を射殺する。やけっぱちとしかいえない。自分の命などどうでもいいと思っていたと考えなければ辻褄があわない。

五人を殺した山上を警察は面子を懸けて追った。刑事が殺人鬼の姿を見つけたのは、映画館だ。しかし観客の巻き添えを回避するため逮捕は見送られ、すぐさま警察署から物々しい武装警官が送られる。周囲の殺気を感じ取れない山上ではなかった。すぐに映画館を抜け出し、駅前の酒屋に逃げ込んだ。しかし、もはやどうなるわけでもないのだ。捕まれば間違いなく死刑である。女将に山上は静かに言う。

「迷惑かけてすまんのう。これも成り行きじゃけえ、勘弁してくれいや。もう少し迷惑かけるけん、これ貰うてくれんじゃろか」

　そうしてポケットの有り金すべてを差し出した。向かった先は、頑丈な鉄製の五右衛門風呂だ。風呂桶にすっぽり入ると、山上は渾身の力を込めて叫ぶ。

「誰かおるか、親分を頼むぞ！　みんなありがとな！」

　そうして女将に向かい、「扉を閉めてくれんかのう」と静かに言った。これが最期の言葉だった。銃声はなにやら妙な音に聞こえたらしい。こめかみを撃ち抜いた山上の死体は、ほっとした表情だったという。

　殺人を正当化するつもりなどない。しかし山上が己の利益や快楽のための殺人者でなかったことは確かである。そして彼はけっして狂ってもいなかった。本当の狂気はヤクザという理不尽な社会そのものに潜んでいた。

09 広島「暗殺聖地」巡礼
――仁義なき戦いの舞台を歩く

広島ヤクザのプライド

「広島いうんは、原爆が落ちてから不良が多くなったんよねえ、不良の広島よねぇ」

この地で生まれ育った事業家の一人は、さらに言葉を続ける。

「川沿いにズラーッと原爆スラムのバラックが建ち並んで、船上生活者が生まれると、こういった地域が極道の温床となった。これで一気に広島の治安は悪化した。それに軍部が解体されたけえ、戦後、あちこちで隠匿物資を狙った事件が起こった。これで広島は無政府状態になったんじゃ」

彼が言うように、広島は一気に暴力の街へと変貌した。施設に山積みされた軍需物資を狙って、全国各地から復員くずれ、チンピラ、詐欺師、窃盗団、愚連隊などが集まり、各地で殺人事件が頻発するのだ。皮肉なことに、新たな支配者となった進駐軍が、街のヤクザ化に拍車をかけた。至る所にキャバレーやダンスホールが乱立、これらの多くは不良やヤクザたちの巣窟となり、集客を見込んで売春婦が集まってくる。これに食い込んだヤクザは、のちにヒロポンの密売などにも関わるようになり、その後の現代暴力団の基礎を作っていった。

また、進駐軍の存在は、武器の入手を容易にしたため、広島の抗争事件では早い段階から銃器が使用された。このことも広島ヤクザの暴力性を高めた要因のひとつと言っていい。

〈このころから暴力団同士の勢力争いが激しくなり、血で血を洗う惨劇があいついだ。その多くはピストルによるもので、一斉取締の実施により多数押収されている。『進駐軍』から市内の特殊下宿などをへて、一丁一万二、三〇〇〇円でいつでも買えることが大きな原因となっていた。押収品の中には、カービン銃や軽機関銃まであった〉（呉市史・第七巻）

広島、そして呉は、犯罪者やヤクザにとって、まるで天国のような土地だったわけだ。

加えて、広島ヤクザのプライドの高さが、抗争をいっそう激しいものとした。自分と他人の命を軽視することで、彼らはヤクザとしての自分を誇示した。実際、『仁義なき戦い』の頃の広島ヤクザは、病的なほど命に無頓着である。なにしろ、自分が命を狙われているのに、堂々と街を闊歩し、それで無事なら「さすが」とも思えるが、案の定、やっぱり殺され、血だまりの中で絶命するのだから、客観的にみて、単なる自殺願望としかいえない。それぞれの人生だから他人がとやかく言う必要はないが、そこには修羅場を生き抜く知恵もなく、勝利を勝ち取る我慢もなく、ただ、パッと咲き、パッと散るヤクザの美学のみがある。とびっきりアナーキーな破滅礼賛を、生きる指針にしようと思えるはずもなく、事実、現代暴力団は、この世代の広島ヤクザとは正反対に生きている。

勝つためには手段を選ばず、集団で相手を威圧し、相手がカタギだろうが容赦なく殺す。弱い人間を徹底的に痛めつけ、綿密な謀略で仲間を嵌め、少しずつ組織の地位を上げていく。なにも皮肉を言っているのではない。タイマンを張るくらいなら大人数でボコるべきだし、殺しの度、潔く出頭するくらいなら徹底的に逃げるのが正しい暴力団の姿なのだ。

そう、当時の広島ヤクザは、暴力団として未熟だった。そのため、あっちこっちでヤクザが死んだ。それも本来、死んではならない組織のトップが標的となり、バタバタ死ぬ。

「広島のヤクザいうたらオリンピックじゃけん」

という長老格の言葉は、少なくとも四年に一度、トップクラスの重鎮が殺された、という意味だ。トップが殺されれば、仕返しは必至。報復の連鎖は止めどなく続き、組織はいっこうに発展せず、ただただ多くの血が流される。

こうした広島ヤクザの暴力性は、当事者の手記を元にして作られた『仁義なき戦い』によって、一般的にも広く知れ渡っている。エンターテインメントとしての物語性やデフォルメを排除して

呉【山村組顧問・岩城義一邸跡】
呉越峠を上がる途中、呉市街を背に、本通り八丁目近辺を右折した東鹿田町には、山村組顧問だった「岩城義一宅」があった。ここは「悪魔のキューピー」こと大西政寛が警官隊に包囲され、射殺された場所だ。現地を見ると、家のあった場所の裏は、まるで崖のようになっており、逃走は不可能だったと分かる。

呉【好金悟慰霊碑】
呉市の野球場を抜け、山を登った場所にある墓地には、山村組若頭・佐々木哲彦に反目する今田泰麿らの手によって殺害された佐々木組好金悟の慰霊碑がある。映画『仁義なき戦い』にも描かれた通り、今田らは無人島に好金を拉致し、無抵抗の彼をなぶり殺しにした。慰霊碑は昭和二十九年九月に建てられたもので、建立者は山村組山村辰雄組長、世話人に山村組若中頭佐々木哲彦の名が刻まれている。

広島【愛友市場】
この一帯を根城とする博徒・岡組とテキヤ・村上組は、目と鼻の先に事務所を構えていたという。映画『仁義なき戦い・広島死闘篇』がこの抗争を題材にしたもので、岡組は村岡組、村上組は大友連合会として描かれている。

広島【猿猴橋】
猿猴橋は被爆橋梁で、その意味で原爆ドームと同じ過去を持つ遺跡だが、同時に広島ヤクザ史を語る上では重要な場所と言っていい。昭和二十四年九月二十七日、兄貴分である大西政寛をかばい、刺客となった美能幸三は、広島市猿侯橋の路上で土岡博と河面清志を襲撃した。この事件を契機に、呉の土岡組は崩壊へと突き進んだ。翌年七月二十日には、のちの広島戦争を泥沼化させた打越信夫組長率いる打越組の組員が、この橋で二名のヤクザを射殺する。

も広島抗争の激烈さは十分に伝わるはずだ。

数次に渡る抗争を総括すれば死者三十七名、重軽傷者六十六名を数え、二十五年の長きに渡って繰り広げられたのだから、ヤクザ史の中でも突出した規模といっていい。

広島の喧嘩は呉から始まる

広島市の主戦場となったのは、広島駅周辺の闇市だった。この辺りにはいまも古い建物が数多く残っており、当時の雰囲気を持った居酒屋が軒を連ねていて、ふとタイムスリップしたような気分になる。ここから松原町、荒神町、大須賀町、猿猴橋町と呼ばれる辺りまでが、テキヤの村上組ＶＳ博徒・岡組の激しい抗争の舞台となった。「広島の台所」と呼ばれたこの場所で、ヤクザの激しい生存競争が繰り広げられたことを知る人は、いったいどれだけいるのだろう。

この抗争はひどく必然的なものだった。

隣接する呉市でも、同時期に激しい抗争が勃発している。その中心地が阿賀と呼ばれる一帯だ。

「広島の喧嘩は呉から始まる。呉の喧嘩は阿賀から始まる」

と言われたほどで、この地は広島ヤクザ社会において、常に中心的役割を果たしていた。

「呉は広島とは違うね、ちょっとね。呉いうとこは恐ろしいとこじゃいうのが頭にあった。なかでも呉に阿賀いうところがあるでしょ。阿賀いうたら一番悪いとこよね。わし頭ようないけん、なんちゅうたらええか、それこそ『うぁあ』いうとこよね。あっこのボンクラにわしらの友達がいじめられたわけよね。よし、敵討ちに行こういうて、五人組でね、そんなことがあった。もう、死ぬ気よね。わし、ここへ匕首《あいくち》入れて、電車に乗ったわけやね。殴り込みかけるのに。そのときに車掌が見たんじゃね。これなにか入っとるいうて、つぎの駅ですぐに捕まってから。阿賀の駅降りたらね。ボボボボッて来たよね。『なにかいのう』いうたらやられて……」（広島ヤクザの古老・故人）

戦時中、激しい空襲にさらされた広島・呉一帯だが、阿賀だけは幸いなことに戦火に焼かれることなく、今も古い家屋がたくさん残っている。なかには空襲を避けるための迷彩模様がそのまま残っている民家もあり、こうした目に見える遺産の他、この地には独特の気風が今も受け継がれているのだろう。

呉の中心街でも、たくさんの血が流された。中でも、呉駅近くの「煉瓦通り」はヤクザ銀座と呼ばれたほどの激戦区だ。かっては人がごった返していたそうで「石を投げるとヤクザに当たる」と言われた。今の若者にとっては映画『海猿』のイメージが強いかもしれないが、最後の博徒と呼ばれた波谷守之は、ヤクザになった理由をこう説明している。

〈呉に煉瓦通という繁華街があるでしょう。なんじゃあ、あの五、六丁の間を肩で風切って歩い

てみたかったんです〉（正延哲士『最後の博徒　波谷守之の半生』より抜粋）

なんとも単純な理由だが、理屈っぽいことを言われるより、よほど納得出来るはずだ。

山口組三代目田岡一雄組長

10 山口組抗争史——抗争するほど、強くなる

田岡三代目の元で

山口組は喧嘩をする暴力団だ。

だから日本一の規模の大組織になったといって差し支えない。実際、小規模、もしくは分裂抗争を除くと、戦後の暴力団抗争史はほぼ山口組の歴史に重なる。ヤクザたちはその厳然たる事実を踏まえ、「命のかかる山口組」と評している。

大島組からのれん分けの形で独立、初代の後を継いだ実子の山口登組長は、神戸市に建設される中央卸売市場の利権を巡って大島組と抗争になり、死者を出しながらもその利権を獲得した。その後、籠寅組（現・合田一家）と浪曲の興行で揉め、そのとき、浅草で刺された傷が原因となり死亡してしまう。終戦直後、残された山口組の長老たちが若かった田岡一雄三代目を擁立したのは、この人がめっぽう喧嘩が強かったからである。田岡組長には昭和十二年に二代目の元に殴

り込みをかけていた男を殺した経験があった。今に至る山口組の抗争史は、田岡組長の元でよりいっそう暴力的に刻まれた。

ただし山口組が全国に侵攻していくのは、資金力を蓄えてからだった。最初の進出先は大阪で、地元の愚連隊組織はどんどん山口組に潰され、吸収されていった。

中でも有名なのが明友会事件である。

大阪鶴橋駅近辺を根城に、千人近くの構成員を抱える明友会は、ドクロの刺青をトレードマークとする愚連隊で、その勢力をミナミの繁華街まで拡張していた。

〈わたしと田端（田端義夫・歌手）、中川（猪三郎組長。田岡の舎弟）が席につくや否や、明友会の連中が不敵な笑みをたたえて、わたしたちのテーブルを取り囲んできた。

彼らは最初からケンカを売るつもりである。

「よう、バタやんやないか。一曲唄ってくれんかいな」

「わいらバタやんのファンや。どや、唄ってくれへんか」

ねっとりと絡む口調である。

中川猪三郎はとりなすように仲へ割ってはいった。

明友会の連中は、やはりケンカを吹っかける魂胆だったのだ。

中川猪三郎は憤然とした。

「引っ込んでろとはなんや。おまえら、だれにものいうとるんや。こちらのおかたは山口組の……」

「田岡がなんや！　山口組がなんや……」〉（『山口組三代目 田岡一雄自伝』より）

一方的な侵略という形を取らないところが田岡流だった。まずは地元組織のひとつと舎弟なり若い衆の盃を結び、それを橋頭堡としながら抗争に持ち込み、少しずつ勢力を拡大する。頭ごなしに押さえつければ反発は必至だが、こうすれば抗争に大義が生まれる。

地元組織の対立に目を付け、どちらかを吸収、そこに肩入れする形で介入するというやり口は、山口組の常勝法といってよかった。当然、抗争になればその暴力性をいかんなく発揮した。

昭和三十二年の別府抗争は十年抗争と呼ばれ、凶器準備集合罪が制定されるきっかけになったし、同年の小松島抗争では、以後の山口組のお家芸となる組員の大量動員を生み出した。前述した明友会事件の翌年、昭和三十六年には夜行列車で殺人事件を引き起こし、翌三十七年には伝説の鉄砲玉・夜桜銀次が殺害された報復に、九州の炭鉱ヤクザとやり合った。

『仁義なき戦い』の広島戦争も、山口組傘下になった打越会が、呉の山村組とぶつかり合ったことで、抗争の火を煽り立てた。いわゆる代理戦争の構図は、山口組のライバル的存在だった同じ神戸の本多会との争いだが、その後、本多会は名称を変え、最後には解散している。

その後の北九州事件を見ていくと、山口組全国侵攻のやり口が分かる。

飴と鞭……当時、山口組は芸能興行を牛耳っており、地方にその支社を出すことで、地元の一部を懐柔したのだ。同時に、芸能人のスケジュールを盾にして、ライバル組織の興行を潰す。関東には意外な方法で進出を成功させた。当時、稲川会の戦闘隊長だった林喜一郎幹部は、「山口組は関東には一歩も足を入れさせない」と公言しており、実際強引な手法で横浜に先兵を送った山口組との間にトラブルが頻発。昭和三十八年には横浜市内で市街戦の一歩手前という事態にまで発展している。だが、山口組はこれを契機に「麻薬追放国土浄化同盟横浜支部」という名目で組員の駐留を関東側に了承させ、稲川会石井進理事長、趙春樹専務理事と、山口組の山本健一・山健組組長、益田芳夫・益田組組長の兄弟盃を行い、少しずつ関東を浸食していったのである。

田岡組長亡き後、四代目の座を巡って山口組は分裂、骨肉の争いを繰り広げた。以降も山口組から飛び出た竹中組と抗争を繰り広げ、五代体制になってからも宅見勝若頭を殺害した中野会を追い出し、数多くの殺人事件を繰り返し起こしている。

山口組の強さは、抗争事件によって作られたのだ。

11 山一抗争——史上最悪の分裂抗争はこうして起きた

跡目を巡って

カリスマの死がすべての引き金だった。

神戸ローカルに過ぎなかった博徒組織を日本一の大軍団に育て上げた三代目田岡一雄組長が死亡すると、膨張を続けていた山口組は一気に迷走を始める。これまですべてを田岡に依存していたから、誰がハンドルを握ってもコースアウトは必然だったかもしれない。

とりあえず合議制をとって組の運営を図ったが、自分が自分がという気質の強いヤクザたちだから船頭は増える一方で、うまくいくわけがなかった。ヤクザ組織の進路を多数決で決めるなど愚の骨頂なのだ。

しかし、それ以外に選択すべき方法は皆無だった。というのも自他ともに認める跡目候補だった山本健一若頭がまるで田岡の後を追うように死亡しており、組内をまとめる人間がいなかったからである。これまでの組運営はすべて山本健一――通称ヤマケンが、やりやすいように進められていた。ヤマケンにとって目の上のたんこぶだったライバルたちはことごとく粛正され、山口組は山本四代目体制に向かって動いていたのだ。オーダーメイドのスーツを他人が着れば不格好なだけである。肝心要のヤマケンがいない状況では、これまでの努力や積み重ねもすべて水の泡だった。

急遽体制をリビルドして、ブレークを強引に力でねじ伏せようとしたが、舵角修正は容易ではなかった。幹部たちの力は拮抗しており、右に左にハンドルがぶれる。派閥闘争は次第に激化し、ついに収束不可能な臨界点を突破してしまった。山口組はド派手なスピンをしながらクラッシュした。

当初の勢力は五分五分

昭和五十九年六月、田岡の遺言を錦の御旗にした文子未亡人が若手暴力派の筆頭である竹中正久を四代目組長に指名すると、直系組長八十五人、構成員一万三千三百四十六人を擁した山口組は真っ二つに割れた。竹中の四代目山口組には直系組長四十七人、約五千人（分裂当初）が残存。中立派を除く直系組長三十四人、約六千人が脱退したのである。警察の頂上作戦をはじめ、あらゆる外敵の攻撃に屈しなかった山口組が内部振動でガタガタになった事実はあまりに皮肉だった。呆気なくそして唐突だった山口組の分裂。当の組員たちにしても実感などまるでなかっただろう。

離脱組は組長代行だった山本広を中心にして即座に一和会を結成した。表向きの理由を端的にいえば、「親分の遺言などあり得ない。そんな無茶苦茶な論理は認められない。脱退し、新たな組を作る」というものである。実際、田岡の遺言は限りなく不透明で信憑性は薄かった。もしこれが裁判なら一和会は充分に勝つことが出来たかもしれない。

だが、ヤクザの理屈――この世界でいう筋など所詮は無茶苦茶なのだ。論理の整合性などまったく必要ないし、理屈などこちらの都合でどうにでも曲げることができる。

一和会にしても、本当の理由は「竹中の下になどつけるか」という感情論であり、いってみればどっちもどっちだ。力がすべてというヤクザ社会の中で、大義を議題にした討論など全く不毛でしかないのである。

山口組はもちろん、そんな道理も、そして一和会も認めるわけにはいかなかった。もともといくら身内とはいえ、真っ向から新体制に反旗を翻しているのだ。きっちりけじめを付けなければ他団体から舐められる。どんな犠牲を払ってもケリを付けなければならない。

当初、勢力は五分五分と目されていた。

構成員数は一和会側が多いし、直参組長たちの去就をみても、実数に差はあるが総合的な実力では同等といってよかったからだ。組長数で劣勢にみえる一和会には山口組の金庫番といわれた小田秀臣、知恵袋と名高い佐々木将城、山口組最大派閥で武闘派の雄・加茂田重政などが参画している。たとえば加茂田組などは俗に加茂田軍団二千名といわれ全国に支部を持ち、単体でも充分広域団体として存在できる規模なのである。錚々たるメンバーであり、指導者層の質でいえば山口組に一歩も引かない陣営だった。どんな形であれ、旧主の代紋に楯突くことは圧倒的に不利だ。十分な勝算がなければ新たな組の立ち上げなど、決して実行できるものではない。

しかし、いざフタを開けてみると計算は大きく狂っていた。山菱の代紋に対する愛着が組員の間に根強く、一和会に参加した人員は予想以上に少なかったのである。特にトップに引きずられ否応なく山口組を離脱した中堅幹部クラスにはその思いが強かった。中には組長と幹部がまったく別の考えで動いた組もあったほどだ。代表的なのは前述の小田秀臣率いる小田秀組で、組長の小田は反竹中の筆頭格であるが、配下の組員すべては山口組残留を考えていた。執拗な切り崩しもあって丸裸になった小田は引退、組員はそっくり山口組の他組織に糾合されたのである。

一和会にとっては大きな痛手だった。立ち上がりから一和会は山口組の強さを見せつけられた。以降も山口組の強硬な切り崩しが続き、半年後、一和会の勢力は二千八百人と半減した。もちろん山口組は勢力を回復、中立派を取り込み、新たに直参組長を登用するなどして、分裂前とほぼ同様の直系組長八十五人、構成員一万四百人という大軍団を構成していた。

四代目竹中正久組長（左）と山本広一和会会長（右）

メディアの代理戦争

日本一の暴力団の分裂劇——刺激を求めるマスコミにとって最高の題材であり、新聞、テレビ、雑誌などがこぞって山一抗争を取り上げた。実際、山一抗争はマスコミを巻き込んだ形の近代抗争と言っていい。マスコミにとって生の殺し合いは最高のエンターテインメント、そして暴力団はマスコミを通じてなによりの紙爆弾を投下できる。両者の利害はおかしな形で一致していたのである。

活字媒体はもちろん、NHKをはじめ多くのテレビ局が山一抗争の特番を組んだ。挙げ句には出勤前のサラリーマンをターゲットにした早朝の番組や、主婦層をターゲットにした昼のワイドショーまでが山一抗争を追いかけたのだからまったく異常だ。ヤクザ記事をメインに扱う夕刊紙も数多く創刊され、極道ジャーナリズムという言葉が生まれる。これだけ多くのメディアがこの抗争を取り上げたということは、それだけ数字が取れた、視聴者や読者のニーズがあったという裏付けだ。

双方の組長たちも盛んにテレビや雑誌に出演して我が大義を説き、相手をなじった。ヤクザの親分は一気にお茶の間のヒーローになったような感さえあった。山口組では竹中四代目組長や中山勝正若頭、中西一男、岸本才三、宅見勝といった最高幹部、そして後に五代目となる渡辺芳則などが、実際にカメラに向かって話している。また一和会は最高幹部のほとんどがテレビに出演し、ロングインタビューを行った。

活字や映像は両者の姿をつぶさに映し出して見せた。たとえば後に一和会会長となった山本広と、山口組四代目組長竹中正久は同じヤクザとはいえまったく正反対の気質といわれる。乱暴に分類すれば山本が現代ヤクザらしい知能派であり、竹中は旧来の山口組路線を引き継ぐ暴力派だ。たとえば昭和五十八年七月に行われた田岡一雄三代目組長三回忌法要にはテレビカメラが入り込み、幹部にインタビューをしている。ずらりと並んだ直参組長が映し出され、その後、女性レポーターが山本と竹中それぞれにマイクを向けた。山本広は、ポーカーフェイスで質問を巧みにかわす。無感情ながら言葉はひどく丁寧である。

——どうですか、うまくいきましたか。

「どういう意味ですか」

——うまくみなさんが集まったという……。

「そりゃもう、無事に終わりましたよ」

——これからの山口組は……。

「そういうことはノーコメントです」

――結束してやっていけるのでしょうか。

「ええ、うまくやっていきます」

対する竹中はヤクザらしく豪放で、荒っぽいながらも明るい。最初は拒絶の意味で顔の前で手を横に振るが、すぐニコニコしながら女性レポーターの質問に答える。

「うーん、ホテルでも行くんやったらええで。一人だけで来るんやったらな。教えたる」

声のトーン、口調、身ぶり手振り、表情、どんな文章を読むより、二人の性格がストレートに伝わってきた。どれも大きな反響を呼び、マスコミの取材合戦はエスカレートしていった。

マスコミの望みはただ一つ、舌戦や政治工作とは違った現実の抗争事件である。要はさっさと誰か死んでくれ、ということだった。「市民社会の中でこんな無軌道が許されていいのでしょうか」と言いながら、雑誌もワイドショーも発砲・殺人事件を渇望していた。にじみ出る本音を必死に隠す姿はやたら滑稽だが、世の中は本音と建て前で動いているのだから仕方ない。

昭和五十九年八月、待ちに待った事態が訪れた。ついに和歌山で火の手が上がったのだ。山口組松山組岸根組組長が、賭場でのもめ事から一和会板井組串本支部若頭補佐を射殺したのである。抗争事件というより金がらみの突発的な事件だったが、事件の背景などどうでもよかった。

「ついに死傷者！　抗争拡大は必至！」

雑誌には扇情的なタイトルが並び、テレビのレポーターは興奮しながらニュースを読み上げる。

ここにいたって山口組と一和会の組長たちは腹を決めたようだった。水面下ではいまだ打開策を模索していた一派もあったのだが、血が流れた以上話は別だ。双方とも払う犠牲が大きいと分かっていながら、もはや面子をかけた戦いである。知らぬ存ぜぬを貫くことは難しい。

山口組はついに一和会に対する絶縁状を全国の友誼団体に送付した。明確な形の宣戦布告だった。こうして世に言う山一抗争が幕を開ける。同じ釜の飯で育った身内同士は、まさに骨肉の争いを繰り広げていくのである。

一和会の誤算

一和会は焦っていた。

苦しみに耐え、身をよじり、為すすべもなく時だけが過ぎ去っていく。考えてみれば、のっけから計算が狂っていた。その誤差は有力組長にそっぽを向かれた段階から少しずつ広がり、いまや予想外の大きさになっているのだ。

これまで自分たちが頼みとしていた山口組の代紋は暴力社会最大のブランドだ。これさえあれば他団体とバッティングしても、たいていの場合は相手が引いてくれる。どんなへっぴり腰でも襟元に山菱のバッチさえあれば肩で風切って歩くことができた。まるで裏社会をフリーパスで歩くパスポートのようなもので、その代紋を踏みにじればただではすまないと誰だって知っているのだ。

その強大な威嚇力はいまや自らに向かって牙を剥いている。これまで山口組の一員としてヤクザ渡世を歩んできただけに、組員たちはその力を嫌というほど理解していた。相手の強さを誰よりも分かっているだけに、どうしたって気分が萎える。組員の士気が思ったように上がらないのも当然だった。

そのうち櫛の歯が抜け落ちるように、組員たちは一人、また一人と一和会を見限り、山口組に走っていった。山口組から離脱した際におよそ五分五分だった勢力は、わずか半年も経たないうちに構成員数で約三対一と激減、組員の流出はいっこうに止まらないままだ。このままいけばジリ貧になるのは火を見るより明らかだった。下手をすれば自然消滅する可能性だってあった。

ヤクザ抗争はよく国家間の戦争や中世戦国時代の合戦にたとえられる。集団での殺し合いだから似た部分は確かにある。だが、それは真実に見えて真っ赤な嘘だ。ヤクザは分が悪いとなれば簡単に親分を捨てる。戦わずして逃げる。集団的な暴力を糧としながらこれほど利にさとく、団結力の希薄な組織も珍しい。軍隊や武家集団と同列に扱うのは無理がある。

山一抗争を見れば任侠道の精神的拘束力などしょせんこの程度、ヤクザたちの威勢の良さも親分に対する忠誠心もまがい物と断じる他はない。だからこそヤクザたちは人間の絆を親分・子分の歪として可視化し、来る日も来る日も「親分の言うことは絶対なのだ」と組員たちを洗脳するのだろう。そうしなければ、ヤクザ組織などあっという間に崩壊してしまうのである。

その点でいっても一和会の認識は甘かった。

新体制になっても古典的ヤクザ気質を厳守し、親分・子分の絆で結ばれた山口組に対し、一和会は歪なしの連合制をとっている。山本広は組織の会長だが、幹部たちの親分ではなかった。歪不在である以上、会長も幹部も同列なのだ。ただでさえ身勝手なヤクザたちを自由に泳がせているのだから、団結力など生まれようもない。事実、一和会はバラバラだった。それぞれがそれぞれの思惑で動いていたといわれる。こうした不協和音はどうしても組員たちに伝わるものだ。厭戦ムードが広がり、それを察した親分たちはいっそう自分たちの保身に走る。もう悪循環である。

劣勢は日を追うごとに色濃くなっていった。しかし、まだ負けたと決まったわけではなかった。ヤクザの喧嘩は組員の数ではない。問題になるのは性根の座った子分が何人いるかということで、根性者が見事な仕事をすれば形勢は一気に逆転するのだ。そうなれば流れも変わる。斜陽の一和会から多くの組員が去っていったように、今度は山口組から組員たちが雪崩れ込んでくるはずだ。作戦は水面下で着々と進んでいた。もう後がないという思いが残された組員たちを支えていた。

暗殺の代償

昭和六十年一月二十六日、多忙な日程を消化し、山口組四代目竹中正久組長は愛人の待つマンションに向かった。一和会を切り崩し、山口組はなんとか立ち直りつつある。組員は増加し、新たに山口組に参入した組織を加え、いまや分裂前の勢力に回復しつつあった。現状に満足していなかったとしても、それなりの達成感はあったはずだ。それだけ竹中組長は精力的に動いていた。

そのストレスを解消していたのが愛人だった。人間の欲望をストレートに肯定するのがヤクザである。愛人の一人や二人、非難するものは誰もいないのだが、竹中はこうしたプライベートに組員を介入させるのを極端に嫌ったらしい。近隣の住人に迷惑がかかるし、なによりかっこ悪いではないか。それが竹中の美意識なのだ。そのため人間死ぬときは死ぬとボディガードを拒否し続けた。

そういった竹中の無防備な行動に対し、「この場所がもっともヤバい」という意識が、山口組内部に根強かったのだという。実際、この日ベンツに同乗していた山口組若頭の中山勝正は、ガードの下見のため竹中に同行していたのだ。竹中は中山若頭と直系組長の南力を伴い、エレベーターホールに向かった。そのとき、脇の階段から三人の男が飛び出し、先頭の南力に「どけっ」と叫んだ。その怒声とほぼ同時に銃声が響き、二発の弾丸が竹中四代目の右手と腹にぶち込まれた。

中山若頭は右肩を撃たれ倒れ、とどめの銃弾を顔面にぶち込まれた。馬乗りになって刺客の一人を取り押さえた南は他の刺客によって頭を撃ち抜かれ、血の海に突っ伏した。現場は一瞬にして地獄絵図である。その隙をぬって、竹中はよろけながら玄関を出た。さっきまで座っていた後部座席に倒れ込むと、ベンツが派手なスキール音を鳴らし、白煙を上げて急発進する。「山口組四代目撃たれる」の一報はあっという間に裏社会を駆け巡った。幹部たちは竹中が運ばれた大阪警察病院に急行し、病院の周囲は組員とマスコミでごった返した。

中山若頭と南組長はほぼ即死の状態だったが、竹中四代目はまだ生きている。生きてくれと願う山口組と死んでくれと願う一和会。どちらにしても気が気ではない時間が過ぎていった。そして二十六時間後、手当の甲斐なく竹中は死んだ。わずか二百二日間の天下だった。

一説によれば一和会は山広組が竹中四代目を、加茂田組が中山若頭を、佐々木組が四代目の実弟で竹中組を引き継いだ竹中武組長を殺害する計画だったという。竹中と同時に次のターゲットである中山若頭と直系組長一人を殺した山広組のヒットマンは金鵄勲章ものである。これで流れは一気に一和会有利に傾くはずだった。

警察もマスコミも、そしてヤクザ自身もそう思っていた。かつて兵庫県警本部長を務め、山口組壊滅作戦の陣頭指揮に立った経験を持つ鈴木達也は、テレビの特番に出演し、これでほぼ勝負あったという意のコメントを述べている。ヤクザ組織はトップの器量に多くを依存する前時代的な集団である。トップのみならずナンバー・ツーが殺害されたのだから、総崩れになる可能性だってある。それが大方の見解だったのだ。トップを殺害し、難産の末に生まれた四代目山口組を四分五裂させる。一和会の狙いもそこにあった。

だが、その後一和会はまったく守勢にまわってしまうのだ。連合制という横一線の曖昧な組織体系のためどうしても対応が後手後手になり、殺した後の対応が大事なのにもかかわらず、まったく事後処理がおざなりで、どうせ誰かが動くだろう、そう思って誰も動かない。冷静になると報復に対する恐怖も生まれた。これほど大きなアドバンテージをとったのだから、もういいだろうという慢心より、自分で上げた大き過ぎる戦果に怯えている感さえあった。

その間、山口組はかえって団結力を高めていった。これまでぎくしゃくしていた組長たちが、報復のもとに一つになったのだ。まだ四代目体制がしっかりと確立していない船出の時期だったことが幸いしていたのかもしれない。トップ不在という危機的状況はすでに四代目発足以前に経験済みだから、すぐに暫定政権を作りあげ、迅速に対応した。

終わらない報復

一丸となって一和会に対する総攻撃が開始された。狙いは一つ、一和会山本広会長の首だ。これに最高幹部の死を合わせ技にして初めて、血のバランスシートが保たれる。掲げられた「信賞必罰」のスローガンは、もっとも派手な戦勲をあげた功労者が次の五代目組長という組員相互における暗黙の了解だ。

とくに激しかったのは中山若頭の地元である高知県である。ここでは分裂当初から一和会最高顧問の中井啓一率いる中井組と中山若頭の豪友会が激しく反目していたが、中山若頭が中井組出身（もと中井組若頭だった）ということもあって、一触即発でありながら心情的に動くに動けない事情があった。だが、中山にとってかつての親だったとはいえ、組員たちには関係のないことである。もはや足枷はなにもないのだ。

これで両者は引くに引けない報復の連鎖に入り込んだ。こうして抗争は激化し、昭和六十二年の終結までに三一七件の事件が発生し、山口組に五人、一和会に十七人の死者を出したのである。とはいえ、一和会はまるでサンドバッグだった。組員に気骨のある人間がいても、上の人間たちが動かないのだからどうしようもないのだ。組員の離脱は加速する一方だった。山本広会長はぼろぼろになり、めった打ちにされ、最後は稲川会に付き添われ山口組本家に出向いて頭を下げた。

その後、山口組は攻撃の矛先を竹中組へと向ける。竹中組竹中武が山口組の選択した政治的解決に納得せず、あくまで山本広の殺害を主張、組から離脱してしまったからである。

◇　◇　◇

ヤクザの主張する「筋」は、矛盾と欺瞞でいっぱいだ。そして抗争で残るものは、ただ悲しみと虚しさだけなのだ。山一抗争をみると、そのことを痛切に感じることができる。たとえば、竹中四代目の実行犯たちは、あれほどの功績を上げながら帰る組を失い、ヤクザとして生きていくことは不可能なのである。

いったいヤクザたちはなにを誇りに生きているのか。考えれば考えるほど謎としかいえない。

12 鳴海清

――日本の首領を撃ったヒットマン

巨象とアリ

強いものには弱く、弱いものには強い。それがヤクザの本質である。

彼らの変わり身の早さは天下一品であり、ドスの利いた声で「殺すぞ！」と凄んでいたのに、相手が強いと分かった途端に猫なで声だ。端で見ていると節操のなさにびっくりするが、それがプロというものなのだろう。プライドやプロセスを大事にするのはアマチュアのやることで、暴力を効果的に金に換えるには、徹底的にドライになる必要がある。勝てない喧嘩は避け、ビビる相手を徹底的に脅す。余計な美意識は邪魔になるだけなのだ。だからヤクザたちは喧嘩の前に代紋のカードを切り合い、お互いの戦闘力を確かめ合う。相手組織の力量を判断して押すか引くかを決める。

しかし、ときおりヤクザ史の中にはプロフェッショナリズムを度外視した突然変異が生まれる。

もちろん利害を無視して、馬鹿げたヒロイズムやロマンに走るのだから、終着地点は例外なく破滅――すなわち死でしかない。現実の暴力社会に幼稚な理想論が介在する余地などないのだ。山口組という日本最大の組織に真っ向から牙を剥き、そして無惨な腐乱死体で見つかった大日本正義団の鳴海清はその筆頭である。彼の戦いはいかなる角度から見ても、万に一つの可能性もない無謀な行為だった。

では、いったい何が鳴海を突き動かしたのか。当時のマスコミに「象とアリの戦い」と揶揄された明日なき暴走を追いかけてみることにする。

ベラミ事件

その様子はなにやら妙に落ち着いて見えたという。「いまだから言えるが……」と前置きして、現場に居合わせた関係者は語る。

「あり得ないこと、そう過信してたのかもしれん。緊迫したいうか、スローモーションのように見えた」

よろよろとホールに歩み出た男――鳴海清は、そのまま流れるような動作で拳銃を構えた。異変に気付いた人間は多かったが、誰もが金縛りにあったように動けなかったという。次の瞬間、乾いた音とともに二発の銃弾が、壁際に座る紳士に向かって飛んでいった。紳士はかすかによろめき、首筋を押さえながらうずくまった。それを合図にするように、対面に座っていた初老の男が二人、バタリと倒れる。どうやら銃弾は無関係な人間の体内で止まったらしい。

ターゲットに致命傷を負わせたのか――感触はあったが確信はなかった。しかし、辺り一面に硝煙の匂いが漂った以上、さっさと逃走しなければ命が危なかった。鳴海は中途半端な手応えを抱えたまま、「ベラミ」をあとにした。すぐさまボディーガードが後を追った。しかし予想外の出来事に出遅れたのか、鳴海の姿は闇に消えた。

崩れ落ちた紳士は山口組三代目田岡一雄組長だった。山口組を束ねるトップであり、組員にとっては不可侵の精神的支柱である。大げさに言えば組員にとって田岡は神なのだ。よりによって鳴海は不作法にその領域に踏み込み、そして銃弾を放ったことになる。山口組組員にとって、ミサに土足で踏み込まれ、キリストを撃たれたようなものだ。

たしかにヤクザである以上、殺す殺されるというのは暗黙の了解である。特に西日本では実際の殺害が英雄視され、権力のお膝元に巣くう関東ヤクザのように話し合いや金銭的解決を嫌う傾向が強い。ヤクザは暴力でカタを付けよう。それは揺るぎない鉄則なのだ。そのうえ組長といえど標的になる。組織的地位が高い人間を殺せば殺すほど勲章の価値は上がる。

しかし、それでも山口組のトップを銃撃するなどということは、誰が見ても大それたことだった。日本一の大組織である山口のトップは、いうなれば裏社会の最大のドンである。犠牲者の器量の軽重を釣り合わせる「血のバランスシート」という方程式からいっても、田岡の命に匹敵する値打ちを持つ人間など見当たらない。組の運営が田岡の類い希なカリスマ性に大きく依存していることを考えれば、山口組にとってチンピラを何百人、何千人殺したところでまだ足りない。

山口組は猛り狂った。馬鹿か、よほど賢いのか――どちらにしてもこの無謀なチンピラに思い知らせる必要があった。死は当然の報いである。もちろんそれだけで済まされるはずもない。

この日、田岡は東映撮影所で起きた火事を見舞いに京都を訪れていた。

「うちに来て、そのまま撃たれてしまったんです。なんということだ、まさか、と狼狽したがどうしようもない」（京都・太奉東映関係者。匿名）

田岡は身体が悪いこともあって酒を控えていた。当時の直系組長によれば、調子のいいときでビール二杯がリミットで、なにも知らずに酒を勧めた俳優が怒鳴り飛ばされたことも多々あったという。しかし、酒場の雰囲気が大好きで、よく夜の街へ出かけた。ここ「ベラミ」も田岡がよく出入りするお気に入りの店のひとつだった。

鳴海は用意周到に田岡襲撃を計画していたが、当日は予定外だったらしい。そのことが襲撃を結果的に失敗させたともいえる。首筋に傷を負った田岡はすぐに病院に運ばれた。着弾地点がヤバいわりに、奇跡的ともいえる軽傷だった。

復讐を誓った骨

鳴海の執念を支えていたのは我が親分の敵討ちである。

大阪・西成に確固たる地盤を築いた博徒・松田組の賭場に、山口組佐々木組の組員が、賭場荒らし同然の手口でイチャモンを付けると、松田組の下部団体である大日本正義団は豊中市のスナック「ジュテーム」で佐々木組組員三人を殺害、一人に重傷を負わせた。もともと正義団は愚連隊色の強い他団体から戦闘部隊として松田組入りした経緯があり、松田組の賭場で起こるトラブル処理の一切を引き受けている暴力主体の組織である。この喧嘩でも旺盛な戦闘力を見せつけ、山口組相手に一歩も引かず、徹底抗戦に突入したのだ。しかしそれが可能だったのは、山口組がこの抗争をあくまで二次団体の喧嘩だと考えていたからだった。余裕を見せつけるように、山口組佐々木組は大日本正義団のトップである吉田芳弘会長を大阪・日本橋電気街の路上で殺害する。

正義団組員は慟哭した。

殺された吉田会長は今でも「押せ押せで無茶苦茶で、しかし情のある人やった」と語られる人間力を持っていた。ヤクザとしては途方もなく魅力的で、それこそが正義団の力の源泉だったのだ。

葬儀の日、亡骸を火葬して組員たちが骨壺に骨を納める。何人かの組員が遺骨をポケットにしまい込む。そのなかで鳴海は突然親分の遺骨を頬張り、ガリガリと噛み砕いて呑み込んだ。報復が報復を呼ぶ。絆が感情を加速させる。もはや鳴海の目的は、山口組に対する復讐しかなかった。

正義団はシノギと報復犯の二班に分かれ、行動を開始した。

〈オヤジの命に釣り合うのは山口組のてっぺんしかない〉

それが組員の思いだった。鳴海はその前線にいる。指揮を執ったのは実弟の吉田芳幸である。ちなみにその実弟は『親分はイエス様』という映画のモデルになったミッション・バラバの中心メンバーの一人だ。

決死の挑戦状

襲撃が失敗したと知って、吉田と鳴海はすぐに地下に潜った。田岡が死ななかったのだからいいではないか、などという理屈が通るはずもない。威信を傷つけられた山口組は、最低でもこの二人を抹殺しない以上、振り上げた拳を下ろせないだろう。そのことはヤクザなら誰でも分かる簡単な道理だ。

当初山口組は襲撃をボンノこと菅谷政雄率いる菅谷組の仕業だと思っていた。山口組を絶縁と

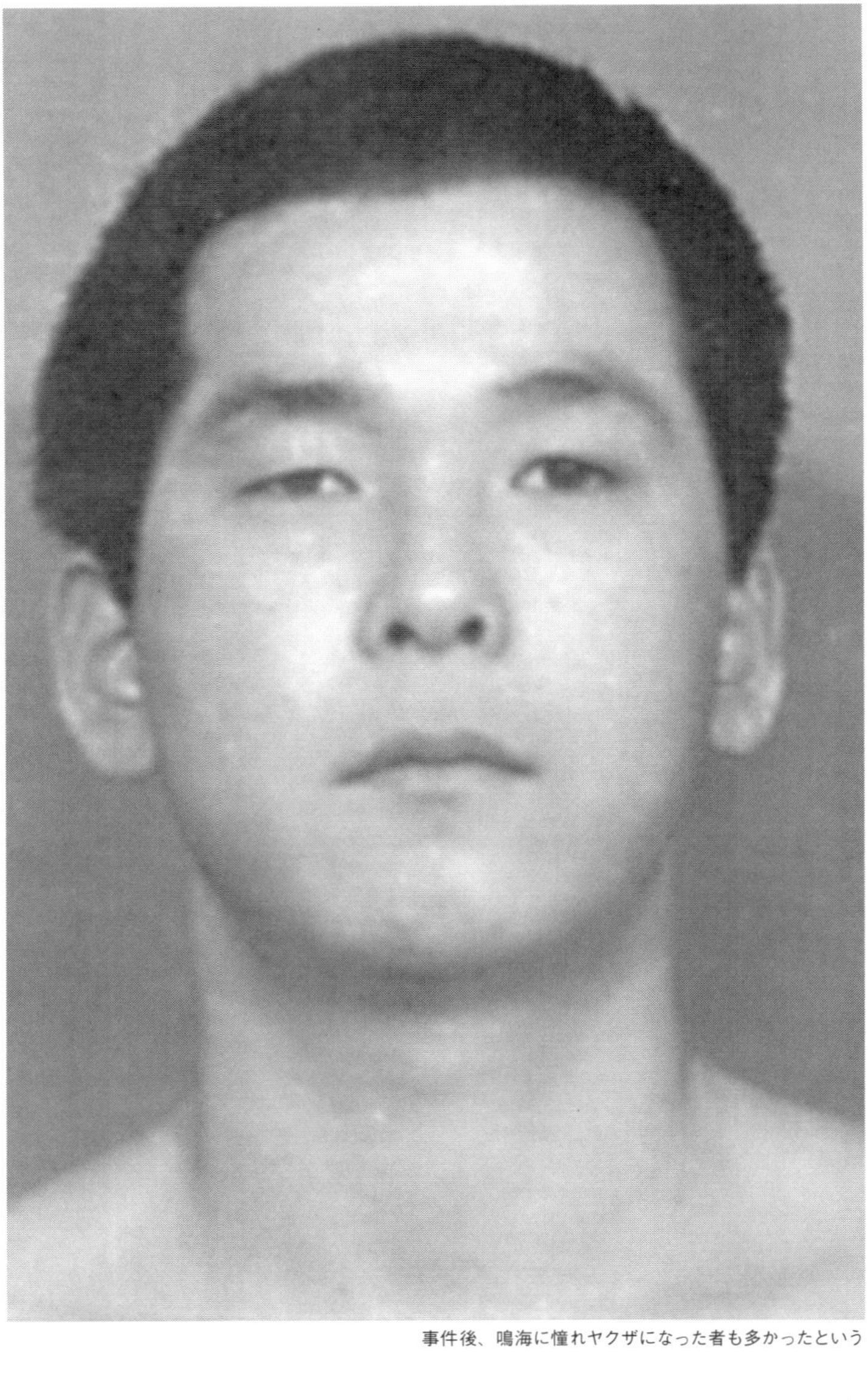

事件後、鳴海に憧れヤクザになった者も多かったという

なり、なおも一本の組織として渡世を張る菅谷組とは一触触発だったからだ。だがそんな誤解はすぐに解ける。山口組は全力を挙げて吉田と鳴海を追った。

一刻も早く捕獲し、この世界のやり方でけじめを付ける。警察に先を越されたらすべてがおじゃんだ。

一緒に逃亡していた二人はなおも田岡襲撃の機会を窺った。ダイナマイトを腹に巻いて神戸の山口組本家に乗り込み、自爆しようという捨て身の計画も立てられたが、警戒が厳しく頓挫した。山口組は派閥争いや警察の圧力もあって表面上はひっそりとしていた。水面下で和解工作も進んでいた。しかし大阪の夕刊紙に鳴海が送りつけた田岡宛の挑戦状は、あっという間に両者の関係を沸騰させた。

〈田岡まだお前は己の非に気づかないのか。もう少し頭のすずしい男だと思っていた。でもみそこなった様だ。（中略）このまま己の力を過信すれば、その過信がお前のすべてのものを滅ぼす事に成る。それは天罰だ。かならず思い知らされる時がくるぞ。大日本正義団鳴海清〉（原文ママ）

陣頭指揮を執る山口組若頭山本健一にとって、この文が本物か偽物かなどどうでもよかった（後日指紋と筆跡から警察は鳴海本人と断定）。もはや山口組の全勢力を挙げて正義団、そして松田組を粉砕するしかなかった。こうして山口組は無差別ともいうべき攻撃を開始する。

その最中、吉田の元から鳴海が消えた。

再び姿を現したとき、鳴海はすでにウジ虫に食い荒らされた腐乱死体となっていた。死後一カ月以上経過しており、身元確認にも時間がかかったが、心臓に達する刺し傷や、歯や爪もないことから拷問のすさまじさはまじまじと分かった。

山口組は一方的に松田組を襲い、暴力のすさまじさを見せつけると、テレビカメラを呼び、一方的に抗争終結を宣言する。サンドバッグのようにめった打ちにされた松田組の意思など、まったく関係ないと言わんばかりの態度だった。

こうして象とアリの戦いは、予定調和のように巨象の勝利に終わった。松田組は壊滅し、強固な暴力のイメージを得た山口組はさらなる膨張を続けていった。

しかし、それでも鳴海清の名が永遠にヤクザ史に刻まれることは間違いなかった。実際、事件当時ヤクザ志願者が激増したが、その大半は「鳴海のようなヤクザになりたい」と渡世入りした人間だったらしい。親分が殺されても我関せず、面子が潰されても意に介さないサラリーマンヤクザが激増する中、鳴海の馬鹿さ加減はもはや偶像化したヤクザのイメージのようなものとなった。そう考えると、鳴海ほどヤクザの本懐を遂げた人間はいない。

13 ボンノ 菅谷政雄——規格外のギャングスター

狂気のような凶暴性

入り口にリンカーンが急停車した。

ボーイが大声で支配人を呼び、急いで車に駆け寄る。後部座席に座っていたのは、人懐っこい笑顔の男だった。だが、ボーイたちはみなこの男の凶暴さを知っている。

ホールでは生バンドが急に演奏を中止したらしかった。突然訪れた沈黙にフロアで踊っていたカップルたちがざわめく。すぐにカントリーブルースとはひと味違った都会的なメロディが流れた。ブルースの父W・Cハンディの名曲セントルイス・ブルースだ。

入り口にスポットライトが当たり、男がドアを開けた。真っ白いスーツにパナマ帽。まるでギャング映画から抜け出てきたような姿だった。それを合図にしたかのように、客たちが再び踊りだす。まるでスターを出迎えるセレモニーだ。

この男、ボンノ――菅谷政雄は戦後の神戸で国際ギャング団を率い、その後山口組の若頭補佐となった伝説のギャングスターである。

〈菅谷は常に「俺は一度死んだ人間だ」と称し、自己の気に入らぬものは組の内外を問わず容易に暗殺してしまう狂気のような凶暴性を示唆して恐怖の的になっている。一時、山口組若頭補佐の地位に昇ったが、他府県進出にあたっても、その凶暴性と強引さを持って破竹の勢いを示し、昭和三十六年~三十九年の四年間に、その勢力は大阪、和歌山、福井、石川、福島、愛媛、福岡、熊本の広域に及んだのであった〉(『兵庫県警山口組壊滅史』)

セントルイス・ブルースは彼のテーマソングだった。神戸の一流クラブではどこでも、ボンノの来訪時にこの曲を流したという。

煩悩が多過ぎる

ヤクザの持つ自虐的なヒロイズムを象徴するような「ボンノ」の異名は、幼少期に寺の住職から煩悩が多過ぎると叱責されたことが由来である。

〈当時四、五歳の私は、非常に勘気が強かった。両親は毎日のごとくお寺へお詣りに行くついでに私を伴って、勘の針をお寺でさせたのです。私はいつも和尚に痛い針をされるので、子供心な

ボンノ 菅谷政雄

斬新なファッションに多くのヤクザが憧れた

がらその腹いせにお説教のある度、仏様にお供えしてある供物を放ったり、お寺を目の仇のように悪いことばかりをするので、そのたび和尚が私に『この煩悩めが！』とたえず叱るので、それを近所の人が聞いて、菅谷のぼんは『煩悩』だというようになってしまったのであるが……。以来、今日まで私の名は『煩悩』ということになってしまった〉（『山口組時報』第二号より抜粋）

通常なら悪口ととれる異名をそのまま使うセンスは菅谷らしい個性の現れだ。仏教用語だけあって、なにやら哲学的な匂いもして独特だし、音の響きもいいから、一度聞けば大概の人間はボンノの名を覚えたという。

大正三年生まれのボンノが売りだしたのは戦前だった。神戸の新川地区、ボンノが生まれた頃のこの街はスラム街のようなもので、ボンノの生家も貧乏だった。いったんは精肉業界に就職したが、次第に盛り場を徘徊するようになる。血で結ばれた兄弟の連携を機軸に暴力社会に進出し、ボンノブラザーズの結束の固さは地元では有名になっていった。もし兄弟に何かあれば、すぐにボンノが飛んでくる。そういったときのボンノには見境がなく、辺り構わず拳銃を乱射したらしい。グループは次第に大きくなり、ついに四十人を超えた。当時では伝統的博奕打ちの一家と較べても大きな勢力だ。

戦後になるといち早く三宮に進出し、売春、麻薬、みかじめ料といったシノギを拡張しながら、輸送物資の強奪を繰り返し、組織はどんどん大きくなった。多くの競争相手を後目に勢力を伸ばすことが出来たのは、なによりボンノのやり方が一風変わっていたからだ。多くのヤクザ組織が「三国人」と呼ばれた在日朝鮮・韓国人や台湾省民の不良グループと真っ向から対立する中、ボンノの組織した国際ギャング団は、彼らとうまく間合いを取り、効果的に利用したのである。ボンノの組織が国際ギャング団と呼ばれたのも、外国籍の構成員がいたからだった。

だがこの世の春を謳歌していたボンノは、台湾省民会と朝鮮人連盟神戸支部との勢力争いに巻き込まれ、朝鮮人側の主力メンバーを拉致。一人に重傷を負わせ、もう一人を射殺してしまう。捕まればおそらく死刑だった。必死に逃げるボンノを日本の警察はもちろんＭＰまでもが追いかけた。もちろん逃げ切れるわけがない。

検察の求刑は予想通り死刑だった。

しかし控訴審の途中で恩赦があり、懲役十八年に減刑されてボンノは刑務所に服役する。神戸を荒らし回った国際ギャング団は、こうして壊滅したのである。

三代目が恐れた男

刑務所でのボンノは、娑婆とはうってかわっておとなしかった。塀の中で記された日記には、その心境が赤裸々に綴られている。

〈私は常に昭和の時代に生きている。時代錯誤的なマンネリズムの任侠道に終わってはならぬ、環境と時代にマッチした任侠道でなければならぬと考えてきた。しかし、結果として私自身の感情の思うままに任侠道を利用してしまった。この生活によって私自身の過去にあっての生活態度を考えるとき、慚愧に堪えない。私のために生命をかけて尽くしてくれた若い者に、なにをしてやったことがあるだろう〉（菅谷の獄中日記より抜粋）

しかし、出所すると、これまでの自戒の念はどこやら、すっかり元のボンノに戻ってしまった。環境適応能力が高いともいえるが、ボンノには、よくも悪くも喉元過ぎれば熱さを忘れてしまういい加減さがある。

野心に燃えるボンノは、神戸の裏社会を睥睨した。冷静に見てみると、出所した神戸にもはやボンノが居座るスペースなどなかった。国際ギャング団の名前もまったく通用しない。刑務所での長い時間は、ライバルとの間に個人の力ではどうにもならない大きな格差を生み出していたのである。ライバルから「お前が牧場をするなら牛と豚を百頭ずつ送る」という屈辱的なメッセージも届いた。ボンノは完全に時流に乗り遅れたことを悟り、既存の組織に入る決意を固める。

そう理解すればボンノの行動は素早い。

彼はすぐさま山口組田岡三代目組長の盃を貰って山口組若衆となった。外様のハンディをものともせず、あっという間に頭角を現していく。全国侵攻の一翼を担い、またたく間に菅谷組を増殖させるのだ。

そのエネルギーのため、ときに組織の枠組みすらはみ出てしまうことも多かった。ボンノは独断専行が多く、協調性がまったくないのだ。しかし、長所と短所は裏表である。もし菅谷がきっちりと組織の中で生きていくことのできる人間だったなら、山口組最大といわれた一大勢力を築くこともなかっただろう。

そして菅谷は必然的に破滅した。

昭和五十年七月、三代目山口組佐々木組傘下と二代目松田組溝口組との間で大阪戦争が勃発すると、菅谷は無断で和解工作に動いたとされ謹慎処分となる。そしてさらなるピンチが菅谷を襲った。菅谷組舎弟・川内弘の直参昇格問題がこじれ、菅谷組の襲撃犯が福井・三国町の喫茶店で川内を射殺したのだ。

川内は北陸最大といわれた組織力を背景にプラチナのバッチを切望するが、菅谷は川内を直参に推薦しようとはしなかった。そのため川内は菅谷を無視する形で山口組に直接働きかけた。この動きを知った菅谷は激怒し、昭和五十二年一月に川内を破門。追い打ちをかけるように殺害したのである。菅谷が山口組本家から絶縁されたのは、この二日後だ。

菅谷は絶縁状を見てこう言ったという。

「わしは親分の田岡から死刑にまさる処分を受けた。くわしい事情はいっさいわからん。わしは親分に対して何も悪いことはしとらんが、何をされても田岡はわしの親じゃ。どんな目にあわされても、タテはつけない」

筋などというものは力があれば、どうにでも曲げられる。くわしい事情はいっさい説明されていなかったというが、本当の理由など突出し過ぎた菅谷排除の一点しかない。出る杭は打たれる。当然のことである。

通常、絶縁はヤクザ生命の終わりを意味するものだ。しかし差出人が「山口組三代目・田岡一雄」の名ではなく、「山口組幹部一同」となっていたことを大義名分に、ボンノは絶縁後も解散せず独立組織として対峙した。こんなことが出来たのは、やはりボンノの力が強大だった証明である。

ボンノが引退するのはその四年後のことだった。そして田岡組長はそれを待っていたかのように死去、ボンノも後を追うようにこの世を去った。

菅谷組が山口組最大勢力となる中、田岡組長はおそらく配下の中で、菅谷政雄ただひとりを恐れていたのではないか。ボンノは自分とは正反対の魅力に溢れていたし、なによりヤクザとしての華があった。すべての権威に反発し、ひたすらに唯我独尊。山口組の腹を食い破ることが出来るのはボンノ――この男しかないと。

こうしてみるとボンノはまさに規格外のアウトローだと分かる。アウトロー自体が規格外という含みを持つが、その中でも飛び抜けて異質なのがボンノなのだ。しかしヤクザは規格外の人間だからこそ存在価値がある。社会の中で生きる普通の人間には出来ないことを平然とやってのけるから、人はヤクザを畏怖し、そこに生存の余地が生まれるのだ。それは常軌を逸した馬鹿さ加減と言い換えてもいい。ひどく常識的で遵法精神に溢れるヤクザなど、社会的にはまったく無価値である。

たしかに菅谷はなにもかもヤクザらしくなかった。しかしそれは組織人としてみた場合で、アウトローとしてこれほどまっとうな存在はない。ヤクザは所詮悪である。くだらない小細工をしないだけ、菅谷は潔い。

14 柳川次郎

――「殺しの軍団」を率いた喧嘩屋

殺すか、殺されるか

失うものはなにもなかった。

地位も名誉も財産も、最初から遠い世界の話なのだ。ギリギリの状況、崖っぷちの境遇。暴力団にエクスキューズをつけるわけではないが、どう転んでも改善される見込みのない絶対的な虚無感が、過激な暴力の源泉だったことは事実だろう。

柳川次郎率いる柳川組はこうしたバックボーンを持ち、「殺しの軍団」と恐れられた先鋭集団だった。おどろおどろしい異名はまさに文字通りの意味で、彼らの喧嘩が殺すか殺されるかというシンプルな二元論だったからである。

暴力のプロであるヤクザの喧嘩は果てのない殺し合いに思えるが、実をいえば大方の喧嘩は性根を見せ合い、適当なところでシャンシャンと手打ちになるのが常だ。ヤクザたちが「喧嘩は演技力の勝負だ」と自嘲するように、ほとんどの場合は掛け合いで終わるといっていい。しかし、柳川組の恫喝はけっしてブラフではなかった。「撃つぞ」と言ったら本当に引き金を引くし、「殺すぞ」と言ったら本当に殺す。彼らの喧嘩には駆け引きも政治的解決もないのである。

「通れるだけの道を開けてください。でなければ、大きな岩を動かしますよ」

という柳川組は最後の一兵まで玉砕覚悟だった。最初から命を捨てた人間ほどタチの悪いものはない。こんな狂犬と喧嘩するヤツなどただの馬鹿だ。実際、多くの馬鹿が柳川組に潰されているではないか。

だから柳川組の暴力イメージが定着すると、裏社会での地位や財産を失いたくない支配層は、黙って利権の一部を差し出し、彼らの通る道を開けるようになった。柳川組はこうして時代の寵児になっていったのである。

現在の裏社会でも、ヤクザと外国マフィア勢力との関係に、これと似た状況を見ることができる。もちろんヤクザはマフィアたちに屈したわけではない。しかし金持ちになってしまったヤクザは捨て身の喧嘩ができず、ハングリー精神に溢れるマフィアたちの前に、利権の一部を差し出さざるを得ないのだ。金持ち喧嘩せず。アウトローの社会でも、この定理は厳然と生きているわけである。

血の結束

柳川組初代組長である柳川次郎は韓国名を梁元錫（ヤン・ウォンソク）という。結成当時からの同志で二代目組長となった谷川康太郎も同じく在日韓国人だ。このことから分かるように、柳川組は在日韓国・朝鮮人全体のアウトロー集団としてスタートした。

当時の在日韓国・朝鮮人に対する偏見や差別は、今とは比較にならないほど激しかった。彼らの社会的地位は低く、どの家庭も貧困にあえいでいた。柳川自身、生家はとても貧乏だったし、差別意識と対峙するのは日常茶飯事だったと語っている。戦時中には神戸製鉄中津工場で強制労働に従事させられたこともあったという。

しかし、そういったネガティブな要因がこの上ないプラスに転じるのだから皮肉である。柳川組には失うもののない強さに加え、もう一つの強みがあった。血の結束だ。

〈やはり団結というか、お互い助けあって生きていこうという意志が強かったせいでしょうね。それというのも、つまり私たちは在日韓国人であって他に頼るすべはない、ということがこの団結を生んだように思いますね〉（柳川次郎談。『アサヒ芸能』昭和五十年六月十九日号）

柳川組は愚連隊時代から背負ったものが違うといえた。それを証明するかのように、暴力社会でのデビュー戦は鮮烈だった。

相手はヤクザ銀座といわれる大阪・西成に本拠を構える酒梅組鬼頭組だ。伝統的博徒である酒梅組の中では例外ともいえる好戦的組織で、これまでにも数々の抗争歴をもった暴力派である。

柳川組が狙ったのは鬼頭組が持つ飛田遊郭の利権だった。当時、飛田の売春婦やポン引きで、鬼頭組になんらかのカスリ——みかじめ料を払っていない人間は皆無だったのだ。それを奪えば、柳川組の力は一気に増大する。暴力社会でのし上がる方法はたったひとつ、利権を力で奪い取るしかない。

とはいえ柳川組はいまだ酒梅組の他団体の食客であり、組というよりは単なる愚連隊グループだった。手勢も組長の柳川以下八名しかおらず、百人以上の組員を擁する鬼頭組との戦力比はざっと十対一である。誰が見ても柳川組に勝ち目はなかった。

鬼頭組も柳川組を舐めきっていた。

飛田に食い込もうとする柳川一派の動向を察知してはいたが、あいつらになにができるとばかり静観である。目障りな柳川の配下をさらってリンチにかけたのも、軽い気持ちからだった。これ以上調子に乗っているといい加減怒るぜ、という意思表示だ。

不穏な空気を感じてはいたが、それでも鬼頭組には余裕があった、殴り込みを予想し戦闘態勢を敷いてはいたものの、相手はあまりにも小さいのである。たしかにヤクザの喧嘩は数ではない。しかしこちらが象なら、向こうはネズミ、いやアリなのだ。

対する柳川の動きは素早かった。三十二年二月十日深夜、柳川組の八人は鬼頭組事務所に奇襲を掛ける。

「柳川がきやがった」

そう一報がもたらされても、鬼頭組に危機感はなかった。相手はさらわれた仲間を助けに来るわけだし、あの少人数でいきなり斬りかかっても勝ち目などない。どうせ掛け合いに持ち込むつもりだろうという読みである。そうなればヤツらを取り囲み、ぐうの音も出ないほど威嚇してやればいい。

しかし柳川一派は最初から命を捨てていた。血糊ですべらないように、日本刀を握った拳には何重にも包帯が結ばれている。路上で鬼頭組組員に出くわすと、

「死ねや！」

短く叫び、袈裟懸けに日本刀を斬り下ろす。

「ウギャァァァ」

断末魔の悲鳴を上げ、鬼頭組組員が倒れた。

いきなりの攻撃に鬼頭組は浮き足だった。阿修羅のごとき形相の柳川一派は、狂ったように日本刀を振り回している。バリケードは易々と突破され、柳川組はあっという間に事務所に突入した。壁を背にして睨みつける鬼頭組長を一瞥すると、柳川一派は再び手当たり次第に斬りまくっ

た。自分が斬られるとか、相手を殺してしまったら後がヤバいなどとは露も考えていないから、ひたすら急所を狙ってくる。「そんなんありか」と思ったところでもう遅かった。死ぬ覚悟のできていない人間に勝ち目などなかった。

ほどなくして警察が駆けつけたが、現場に到着した警官隊は、あまりの凄惨さに愕然としたという。一帯はまさに血の海で、その中に十数人の鬼頭組組員が倒れ、蠢いているのだ。生きているのか死んでいるのか、ピクピクと動くたびに、血の海が広がっていった。その中に立つ柳川一派は、まさに血に飢えた狼だった。

鬼頭組の犠牲者は死者一名、重軽傷者十五名。柳川一派は軽い負傷が数名というから圧勝である。

喧嘩こそシノギ

以降、柳川組は急速に勢力を拡大する。

北区堂山町に事務所を借り、「柳川組」の看板を掲げると同時に、「柳川興行」を発足し興行にも乗り出した。

しかし大阪には数多くのヤクザ組織が群雄割拠している。柳川組の入り込む空白地帯などどこにも存在しない。再び柳川組は力で他人の縄張りを奪い取るしかなかった。そのためには手段など選ばなかった。

どこの組織がバックにいようとお構いなしで、クラブやバー、パチンコ店などにみかじめ料を要求する。二重取りを納得しなければ、面倒を見ている組に戦闘部隊を差し向けた。対立する組の親分や幹部をさらったことは、一度や二度ではなかったという。当時の警察資料には、「柳川組が四、五年の間に伸びたのは、一人一殺を看板に他団体の地盤に切り込んだことが大きく功を奏している」とある。喧嘩こそシノギ、捨て身の暴力こそ柳川組の看板なのだ

その後三代目山口組に加入してからも、柳川組は山口組全国侵攻の先兵となった。全盛期には二十道府県に進出、傘下は八十団体を数え、組員総数は二千人に達した。二次団体でありながら、柳川組壊滅本部が設けられるほどであり、殺しの軍団の名は全国にとどろいたのである。

しかし二代目谷川康太郎の時代、柳川組は突如として解散する。谷川が獄中から先代柳川次郎の合意のもと、解散宣言を行ったのだ。新聞に載った在日韓国人少女の投書——同じ在日韓国人として柳川組の悪名が恥ずかしいという声がきっかけだったといわれるが、今では警察当局が強制送還をちらつかせて解散に同意させたという見方が一般的である。

その足跡を見ると、柳川組は暴力団の中の暴力団としかいえない。

〈ヤクザものがいいことばかりして、めしが食える道理がない。（中略）だから私はヤクザもの

柳川次郎

柳川次郎（左）と谷川康太郎（右）

を美化する必要などないと思うんです〉(前出『アサヒ芸能』より抜粋)

柳川の言葉通り、やることなすこと無茶苦茶だったのだ。しかし悪の華を自認し、建て前を振りかざさないだけ、柳川組はまっとうである。くだらないイデオロギーを振りかざすアウトローほど、陳腐で醜悪なものはないからである。

15 山口組分裂——激化する抗争の行方

前例のない分裂劇

発足から百年の節目、山口組は再び分裂した。

不穏な噂は怪文書から始まった。

「直参十数人の連名で、六代目体制への批判と脱退宣言が書いてある。関西一帯に配布されたらしい」

情報を掴んだ山口組執行部は、ただちに調査に乗り出した。怪文書には六代目発足時から組運営の中枢にあった宅見組・入江禎組長（当時、舎弟頭）の名もあるという。噂はいつまでも消えず、全国の暴力団に拡散した。見つからない怪文書の存在は、もはや問題にされなかった。

平成二十七年八月二十七日、山口組は緊急執行部会を招集、謀反の噂に名前が上っていた山健組・井上邦雄組長、宅見組・入江禎組長らは姿を見せず、離反はほぼ確定となった。同日、山口組は迅速に処分を発表する。のち友好団体に発送された破門・絶縁状もこの日付である。

ヤクザ社会からの永久追放を意味する絶縁という厳しい処分になったのが、宅見組・入江禎組長（舎弟頭。本部・大阪市中央区）、山健組・井上邦雄組長（若頭補佐。本部・神戸市中央区）、正木組・正木年男組長（舎弟。福井県敦賀市）、池田組・池田孝志組長（舎弟。岡山市）、俠友会・寺岡修会長（舎弟。兵庫県淡路市）の五名である。

破門になったのは、黒誠会・剣柾和会長（幹部・総本部事務局次長。大阪市北区）、真鍋組・池田幸治組長（若中。兵庫県尼崎市）、西脇組・宮下和美組長（若中。神戸市西区）、松下組・岡本久男組長（若中。神戸市中央区）、雄成会・髙橋久雄会長（若中。京都市南区）、大志会・清崎達也会長（若中。熊本市）、奥浦組・奥浦清司組長（若中。大阪府東大阪市）、毛利組・毛利善長組長（幹部・総本部事務局長。大阪府吹田市）の八人だ。

処分となった組長たちは、すでに新しい盃を終えていたという。それぞれ山口組の司忍組長と兄・舎弟、親分・子分の盃を結んでいたがそれを一方的に破棄にし、改めて井上組長をトップとする兄・舎弟、親分・子分盃を結び直した。盃事は仰々しいセレモニーが不可欠というわけではない。極端にいえば居酒屋の安酒でも結縁盃は行える。

ヤクザの基本である疑似結縁関係を一方的に放棄したことは、今回の分裂騒動の特異性でもある。上書きなのか、二重結縁となるのか……その答えをヤクザ史に求めても、ほとんど前例はない。建前に過ぎない親分・子分の関係でも、暴力団にとっては重く、特別な意味がある。そのため組織の分裂は、当代組長が死亡・引退し、盃が空白となった真空の時期を狙って挙行されるのがセオリーだ。とはいっても盃の有無にかかわらず、下部組織に独立する自由はない。離脱は謀反を意味し、所属していた暴力団と対立することとなる。

こうなると話し合いでは解決できない。

双方が退けず、互いに自らの大義を主張し平行線が続く。残された手段は暴力的衝突しかない。暴力団の存在意義を極限まで突き詰めれば、意に沿わない人間は殺すという一点だ。アウトローの頂点に君臨していられるのは、法を破るのではなく殺すからである。同業者同士、それも分裂という禁忌の中、殴り合い程度なら他のヤクザに笑われる。警察は抗争を「暴力事件が発生し、その報復があった時」と定義しているが、現実的には抗争勃発に等しい。

離脱組が新団体を設立するなら、山口組は面子にかけて制裁し、殺戮し、潰さねばならない。騒動が長期化すれば、日々の長さの分だけ面子は踏みにじられ、山口組の求心力は低下する。

神戸山口組の思惑

山口組は表面上真摯に対応した。

分裂後、初の定例会では、司忍六代目の手紙が読み上げられた。これもまた自身を戒め、内紛の暴力的解決を回避するよう訴えていた。

「先日、長峰霊園（田岡三代目や姐の墓所があり、隣接して物故者や歴代組長の名を刻んだ組碑がある）にお参りしてきた」

はらわたが煮えくりかえっているはずなのに、山一抗争の時にみられた「やられたらやり返す」的なセンテンスは皆無だ。六代目の手紙は以下のように続く。

「先人たちの眠る静謐な墓前にひざまずき、頭を垂れるのみであった。特に、山健組初代組長、宅見組長の『組碑』の前に立った時、様々な思いが走馬燈のごとく去来して発する言葉がなく深く謝るだけであった（中略）山口組には内紛、離脱、分裂等を繰り返して成長してきたその過程の中で、有能な多くの人材を失ってきた歴史の反省と学習があった。人は誰も学習能力がある。彼らはその体験者であるにもかかわらず、学習能力と反省がないのかと思うと残念でならない」

この部分は最高の皮肉だろう。

平成二十年、後藤組長の除籍処分を発端にクーデター騒ぎが勃発、直参組長が大量処分となった。その時、ヤクザの正義を説いたのが、今回の分裂の当事者なのだ。

離脱派の動きも迅速だった。新団体が「神戸山口組」を名乗り、同じ代紋を使うことも内々に発表された。粗は目立つが思いつきのクーデターには思えない。最低でも一年半前には、離反の合意が出来ていたと考えるのが妥当だ。

独善的な論理で進められる暴力団の争いにも、一応の大義名分はいる。現実的に強い者の言い分が筋で、最終的に暴力の勝負とはいえ、離脱という大罪を背負った側は、非道の理由を弁明しなければばならない。暴力団が信奉する「親分が絶対」の論理をひっくり返すのだから、屁理屈であっても暴力でゴリ押しできる程度の整合性は必要になる。

大義論争で圧倒的に有利な山口組幹部は、強い口調で神戸山口組をこう非難した。

「ヤクザの名前に著作権もないし、商標登録もされてないいけど、こんなことしたら間抜けだ。一和会のほうがまだマシだった。今回の謀反者たちは六代目と縁を持っている。なにを言ったところで、大義なき逆賊でしかない」

自分たちのハンデを理解しているから、離脱組は山口組の名前と代紋を手放さなかったのだろう。分裂を山口組の本流争いにすり替えれば、逆賊の負い目はかなりソフトになる。

考えれば考えるほど、神戸山口組という名称は巧妙だ。

ヤクザには本拠の土地の名称を、親分・組織の隠語として使う慣習がある。これまで神戸は山口組を意味していた。しかし、組織名に聖地を付着されれば、離脱派がその二文字を横取りできる。マスコミが対立軸を分かりやすく「六代目山口組VS神戸山口組」と煽りたてる度、神戸側は印象操作に成功している。山口組発祥の地である神戸という土地は、代紋と同様に組員の拠り所である。

九月五日、神戸市にある山健組の事務所に離脱派の組長たちが集まり、神戸山口組の初会合が行われた。これにはサプライズ・ゲストが用意されていた。住吉会総本部長・幸平一家の加藤英幸総長が合流するというのだ。

加藤総長は住吉会の大幹部で、関東きっての暴力派である。離脱派が他団体を取り込むという噂は最初から流布されていた。もし加藤総長が神戸山口組の門前に馬を繋げば、山口組のお家騒動が、暴力団社会全体を巻き込んだ再編劇に変わる。

警察やマスコミが注目する中、カメラの放列前に加藤総長が現れた。山健組事務所の前で、井上邦雄組長と各社のカメラマンが、しっかりと撮影を終えるまで談笑した。神戸山口組がマスコミを呼んだのは、とどのつまり、このツーショットを撮らせるためだ。山一抗争から三十年、暴力団はマスコミを使うことを学習していた。

抗争は全国に拡大

小規模なぶつかり合いはあっても、両者は睨み合ったまま大きく動かなかった。二つの山口組が全国で暴力事件を頻発させたのは年明けだ。

一月六日、福岡市にある六代目山口組・一道会の本部事務所に火炎瓶が投げ込まれた。襲撃側にとっては日用品を使って安価に製作でき、職務質問で捕まっても刑が軽く、しかし、大きなダメージを与えることができるため、近年の抗争事件ではよくあるやり口だ。道仁会と浪川会（旧・九州誠道会）の抗争でも、死人が出る前段階で、火炎瓶による事務所の全焼やぼやが頻発している。この手の事件では珍しく、背後に明確な怨恨があったため実行犯は逮捕された。

同月二十七日には長野県で、神戸山口組の組員が中央自動車道を車で塞ぎ、六代目山口組組員の乗った車の通行を妨害した。怪我人はなかったが、おかげで上り線の一部区間が三時間四十分に渡って通行止めになった。

二月十五日には新宿・歌舞伎町のど真ん中で、神戸山口組系の組長たちが集会を開き、そこに押しかけた六代目山口組の組員らと乱闘騒ぎとなった。分裂劇の立役者であり、神戸山口組の総本部長である正木組・正木年男組長の本部事務所にも、五発の銃弾が撃ち込まれた。

これで二つの山口組は完全に爆ぜた。

二月二十五日は長野県松本市で神戸山口組系組員に対する集団暴行事件が起き、翌二十六日には静岡県三島市の山健組幹部の車両が破壊された。続く二十七日には神奈川県厚木市の弘道会系事務所にトラックが突っ込んだ。

同日の午後九時頃には埼玉県八潮市市役所から一・五キロの住宅街にある山健組幹部宅の壁や

屋根に数発の銃弾が撃ち込まれた。拳銃を使った事件は、暴力団にとって特別の意味を持つ。捕まれば銃刀法はもちろん発射罪や器物損壊が加算される重罪だが、誰でも入手できる日用品を使わず、あえて拳銃を使用することが、暴力のプロとして玄人受けし、実行犯の虚栄心も満たされるのだ。車両を使った器物損壊とは明確に背後の覚悟が違う。これは暴力団事件をウォッチするひとつの目安として使える。

その三時間後、東京都足立区の団地前の路上で、同じ山健組系の幹部が二人組の男に催涙スプレーを吹きかけられた後、刃物で斬りつけられ、全治二カ月の重傷を負っている。こちらも犯行の手段から、殺すという意志はなく、あくまで警告と解釈していい。その後も富山県富山市、大阪府豊中市、栃木県宇都宮市、長野県上田市、富山県高岡市、三重県津市、茨城県水戸市などで抗争事件が発生する。

警察が抗争認定のお墨付きを出したのは三月七日だった。これによって全国の都道府県警に集中取締本部が設置され、八日には全国の暴力団対策担当課長ら九十人が集められた。

警察庁の発表によれば、神戸山口組の旗揚げ以降、認定している事件が四十九件あるという。正木組への銃撃以降、わずか二週間に十九件が集中したらしい。警察は抗争を、対立が原因で暴力事件が発生し、その報復があった状態と定義している。そのためには事件の実行犯を逮捕し、供述を引き出し、複数ある明確な因果関係を明らかにしなければならない。

止まらない衝突でマスコミは沸き立った。その渦中の三月二十九日昼過ぎ、東京都台東区にある浪川会事務所一帯がパニックになった。

新宿・歌舞伎町での睨み合い以降、延期されていた神戸山口組の会合が開かれたのだ。神戸山口組から最高幹部も上京し、山健組の関東勢を中心に組長クラスが集まった。到着する車はすべて警察に止められ、ほぼ全員がボディチェックをされた。

表通りの反対側には、対立する六代目山口組の組員が集まり、最終的には百人近くに膨れあがった。幹線道路を挟んで怒声の応酬が止まらない。機動隊が導入され、警察官が通行人に「危ないので……」と迂回を指示していた。先進国でも日本でしか観られない暴力組織のストリート・バトルだ。

四月七日、兵庫県公安委員会は、神戸山口組を「指定暴力団」に指定すると発表した。通常、一年以上かかる作業が、わずか八カ月で完了したことをみても、警察の危機感が分かる。

現在、分裂劇は各地で散発的な衝突を繰り返し、危険水域に達しつつある。対立の構図がある限り、憎悪は貯まって増殖し続ける。事件が続けば、いつか大爆発を誘発しかねない。火薬庫で煙草を吸うようなトリッキーな事態は、互いが棲み分けを容認するまで終わらない。

ヤクザの生存価値は殺してなんぼである。このまま終結したとすれば、ヤクザの定義を変えなければならない。

おわりに

国家の基本は暴力の占有である。

国民それぞれが武装し、私的トラブルの解決に暴力を持ち出したら、もはや国家としての成立は危ぶまれる。無政府状態は、内戦という分かりやすい構図ばかりではない。南米には麻薬カルテルに牛耳られ、警察が無力化されてしまった国もある。

日本にも似た時期が、つい最近まであった。敗戦が国土を焼き尽くし、社会の秩序をめちゃくちゃにしたからだ。全国各地に違法なブラックマーケットが建ち並び、先鋭化した武装集団が国家の台所を牛耳った。強力な暴力を持つヤクザたちのボスは、各地で血みどろの生存競争を繰り広げた。

強い者が勝ち、弱い者が食われる。

人間の集団として、きわめて原始的な形だ。殺し合いを勝ち抜き、頭角を現した人間たちは、粗野で乱暴ではあっても、リーダーらしい資質を備える場合があった。単なる暴力ブルジョワジーとはいえない。

「やくざものは面白ければいい」

小説家の子母澤寛はそう書き残している。

フィクションとしてのエンタメ作品の中でも、暴力を題材としたファンタジーには根強い需要がある。人生をひとつのストーリーとして俯瞰したとき、彼らの物語は、伝え聞くこちらの精神を絶え間なく刺激する。

　ただし、ここで拾い集めたストーリーは、どれもノンフィクションであり、暴力の背景には理不尽に圧殺された弱者がいる。シンプルに面白ければいいと割り切れる話ではないだろう。

　それでも、彼らには自分たちなりのルールがあった。暴力に自己をむさぼり食われないために、ワルの美意識が必要だったのかもしれない。だから権謀術数の汚泥から根を生やし、なんでもありの暴力社会に咲いた悪の華には、腐臭の中に美しさが匂う。ダークヒーローであるはずの彼らは、生きるための手段として、暴力というもっとも実効的な槍を握ったようにも見える。

　人間は元来、暴力的な生き物であり、生きるという大義名分の前で、道徳は易々と崩壊する。国家に力が失われ、カオスとなった現実の中で、無菌室の善悪を持ち出しても、奪われ、殺されるだけだ。

　暴力を思考することは、混乱を生き抜くヒントになる。ヤクザは決して、我々とは異質な病理集団ではない。

平成二十八年五月　鈴木智彦

※本文中一部敬称略とさせていただきました。ご了承ください。

ヤクザのカリスマ

愚連隊から山口組分裂まで——闇の戦後ヤクザ70年史

2016年5月30日 初版第1刷発行

著者 鈴木智彦

編集・発行人 早川和樹
装幀 ガオーワークス
写真提供 共同通信社、産経ビジュアル
発行所 ミリオン出版株式会社
〒101-0065 東京都千代田区西神田3-3-9 大洋ビル
電話:03-3514-1480(代表)
発売元 株式会社大洋図書
〒101-0065 東京都千代田区西神田3-3-9 大洋ビル
電話:03-3263-2424(代表)
印刷・製本所 大日本印刷株式会社

ISBN978-4-8130-2269-5 C0095